乡村振兴战略规划与实施

康 芳　杨文义　王静然　著

中国农业出版社

北 京

序　言

　　乡村是具有自然、社会、经济特征的地域综合体，兼具生产、生活、生态、文化等多重功能，是人类活动的主要空间。随着经济社会的发展，乡村发展的速度逐渐放缓，同城市发展水平的差距逐渐加大。党中央指出，建设社会主义现代化国家，全面建成小康社会，最艰巨最繁重的任务在乡村，最广泛最深厚的基础也在乡村。2017 年 10 月 18 日，党的十九大在北京召开。习近平总书记在向大会做的报告中明确提出"实施乡村振兴战略"，并强调指出：农业、农村、农民问题是关系国计民生的根本性问题，必须始终把解决好"三农"问题作为全党工作的重中之重。2018 年 1 月 2 日，中共中央、国务院印发《关于实施乡村振兴战略的意见》。实施乡村振兴战略，是解决新时代我国社会主要矛盾、实现"两个一百年"奋斗目标和中华民族伟大复兴中国梦的必然要求，具有重大现实意义和深远历史意义。

　　本书从乡村振兴战略规划的背景、意义、任务、原则等问题入手，对乡村振兴战略的目标进行了详细解读，对乡村振兴战略的指标性要求进行了解读和分析，并结合这些指标就如何规划、实施乡村振兴战略，以及乡村振兴战略的创新实践和保障等问题进行了探讨。本书的编写参考了党和国家关于乡村振兴战略的政策方针，又结合了乡村社会发展实际，具有较强的可读性。本书的编写意在用浅显易懂的文字对乡村振兴战略进行阐释，为乡村振兴战略实践提供借鉴。本书由河南科技学院康芳、杨文义和王静然撰写。康芳撰写第一章至第三章第三节，共7万字；杨文义撰写第三章第四节至第五章第三节，共6.5万字；王静然撰写第五章第四节至第七章，共6.5万字。由于作者水平有限，书中难免存在疏漏之处，敬请读者、同行批评、指正。

康　芳

2020年12月于河南科技学院

2017 年 10 月 18 日，中国共产党第十九次全国代表大会在北京召开。习近平总书记在大会报告中提出要"实施乡村振兴战略。"党的十九大报告指出，乡村振兴战略是包括农业发展、农村生态环境建设、农村社会秩序治理、农村生活水平提升在内的综合战略。为落实乡村振兴战略，需要从农村基本经营制度巩固和完善、农村土地制度改革和发展、农业生产经营体系发展和健全、农业现代化目标推进和实现、农业社会化服务体系建立和完善、农村社会秩序治理和稳定等方面持续加大工作力度，力争按照国民经济和社会发展总体布局，早日实现农业现代化目标。

2018 年 1 月 2 日，中共中央、国务院发布《中共中央国务院关于实施乡村振兴战略的意见》，即 2018 年"中央 1 号文件"。文件指出，乡村振兴战略是决胜全面建成小康社会、全面建设社会主义现代化国家的重大历史任务，是新时代"三农"工作的总抓手。中央 1 号文件对"乡村振兴战略"的实施做出了具体部署，并明确了战略实施的时间节点：2020 年，乡村振兴取得重要进展，乡村振兴的制度框架和政策体系基本形成；2035 年，乡村振兴取得决定性进展，基本实现农业农村的现代化；2050 年，乡村全面振兴，实现农业强、农村美、农民富的战略目标。

2018 年 3 月 5 日，第十三届全国人民代表大会第一次会议在北京召开，李克强总理向大会作政府工作报告。李克强总理在《政府工作报告》中提出要"大力实施乡村振兴战略，科学制定规划，健全城乡融合发展体制机制，依靠改革创新壮大乡村发展新动能。"党和政府进一步谋划乡村振兴战略，并就战略实施做出具体部署，为农村的改革和发展确定标准，指明方向。

2018年5月31日，中共中央政治局召开会议，审议由中央农村工作领导小组办公室提出的《乡村振兴战略规划（2018—2022年）》；9月，中共中央、国务院正式印发《乡村振兴战略规划（2018—2022年）》，要求各地根据实际贯彻落实。该规划的实施，对于实现乡村振兴、实现小康社会建设目标、实现"两个一百年"奋斗目标和中华民族伟大复兴目标具有重大的现实意义。

2019年2月19日，中共中央、国务院《关于坚持农业农村优先发展做好"三农"工作的若干意见》的中央1号文件向社会发布，这是2000年以来，中央1号文件第16次关注"三农"工作。这表明，党中央、国务院对于"三农"问题高度关注，不断强调农业农村优先发展。

2019年3月5日，十三届全国人民代表大会第二次全体会议在北京召开，李克强总理向大会作的《政府工作报告》中指出：2018年，以"精准脱贫"为主体的农村工作取得重大进步，农业增产、农民增收，乡村振兴战略稳步推进。报告还对2019年推进实施"乡村振兴战略"做出具体部署，以"精准脱贫攻坚"为抓手，抓好农业生产，推动乡村建设，深化农村改革，助力乡村振兴战略。

2019年3月19日，习近平总书记主持召开中央全面深化改革委员会第七次会议，审议通过《关于加强和改进乡村治理的指导意见》。《意见》对加强和改进乡村治理做出指示，为乡村振兴战略的实现指明方向、明确要求。

"三农"问题始终是党中央、国务院谋划国家发展、社会进步、中华民族伟大复兴的关键性问题。"农业兴，则国家兴。"我国是一个农业大国，作为第一产业的农业是中国经济的基础，为二、三产业的发展提供原材料和劳动力。农业的发展水平，决定着整个国民经济的发展水平。"农村安，则国家安。"在我国，农村地区占国土面积的94％，这表明，农村地区始终是中国社会的主阵地，任何时候都不能忽视农村地区的建设和发展。"农民富，则国家富。"目前，我国农村地区常住人口虽然随着城镇化的发展逐渐减少，但农民始终是中国人民的主体，始终是社会主义现代化建设的中坚力量。

2020年受新冠疫情影响，整个国家的经济发展受到严峻考验。在新冠疫情得到有效控制后，在各级党组织和政府的领导、组织下，多措并举促进农民就业增收，统筹推进农业农村改革发展各项工作。2020年前三个季度，农业农村经济保持了持续向好、稳中有进的态势，乡村振兴战略实践扎实推进。

"乡村兴则国家兴，乡村衰则国家衰。"乡村振兴战略事关农业发展、农村进步、农民幸福，是关乎5.6亿农村常住人口（2019年1月国家统计局最新数据）福祉的战略，是关乎农村社会秩序稳定、健康、有序的战略，是关乎国家政治稳定和中长期建设目标的重大战略。只有按照《乡村振兴战略规划（2018—2022年）》的要求，稳步、扎实、高效推进和实施该战略，才能真正实现建设美丽中国的战略目标，才能真正实现全体人民尤其是乡村居民的共同富裕，才能真正实现国家富强、百姓安居乐业。

目 录

第一章

乡村振兴战略概述

2016年4月25日，中共中央总书记习近平在安徽凤阳小岗村调研工作并主持召开农村改革座谈会。在座谈会上，习近平总书记强调指出："中国要强，农业必须强；中国要美，农村必须美；中国要富，农民必须富。"习近平总书记关于农业强、农村美、农民富的概括为党中央规划乡村振兴战略提出了要求。

2017年10月18日，中国共产党第十九次全国代表大会在北京召开。习近平总书记在大会报告中提出要"实施乡村振兴战略。"这是党中央正式提出实施乡村振兴战略。乡村振兴战略是党中央站在时代面前、全局高度，擘画中国广大乡村地区在新时代持续发展、全面振兴的国家战略，是党中央始终牵挂几亿农民疾苦、始终为农民谋幸福的体现，是农业强、农村美、农民富的美好目标早日实现的具体措施。根据党的十九大报告，乡村振兴战略是包括农业发展、农村生态环境建设、农村社会秩序治理、农民生活水平提升在内的综合战略，涵盖农业、农村、农民问题。在党中央的部署和领导下，乡村振兴战略的实施，必将实现党中央提出的"农业基础稳固、农村和谐稳定、农民安居乐业"目标。

乡村地区是整个中国社会的基础。乡村是具有自然、社会、经济特征的地域综合体，兼具生产、生活、生态、文化等多重功能，与城镇互促互进、共生共存，共同构成人类活动的主要空间。我国有94%的国土面积都是农村地区。曾经，乡村地区是中国人最主要的生活场所。无论大都市，还是中小城市，都是以乡村为基础发展起来的。乡村振兴，是中国振兴、中华民族复兴的基础。乡村振兴战略强调在中国特色社会主义新时代，要以农业农村现代化、农民生活幸福为目标，是不断推动我国由农业大国向农业强国迈进的国家重大战略。

第一节　乡村振兴战略的规划背景

党的十九大报告首次提出"乡村振兴战略"，这是党中央擘画农业、农村发展的战略举措。乡村振兴战略的提出，有其历史背景和时代背景

一、改革开放以来"三农"问题的国家战略

"三农"问题即农业、农村、农民问题。中华人民共和国成立以来，党和政府一直关注农业发展、农村地区建设，关心农民的生活。1978年12月18日至22日，十一届三中全会召开。这次会议不仅是中国共产党历史上具有深远意义的伟大转折，同时也是中华民族历史上的具有深远意义的伟大转折。正是在这次会议上，党中央决定在中国实行"对内改革、对外开放"的政策，中国开始实施改革开放，迈进新的历史发展阶段。而中国的改革开放是从农村地区起步的，起步的具体村庄就是排在"中国十大名村"第一位的安徽省凤阳县小岗村。

1978年前，小岗村是一个典型的贫困村，以"吃粮靠返销、用钱靠救济、生产靠贷款"的"三靠村"而闻名。在遭受了1978年夏秋之交百年不遇的特大旱灾后，18户小岗村民有16户被迫背井离乡，外出乞讨。为了生存，为了过上好日子，1978年12月的一个冬夜，严宏昌等18位农民冒着生命的危险，凭着宁可"杀头坐牢"的决心，共同在分田到户、靠自己吃饭的"大包干"契约上庄严地按下了自己的手印。从此，拉开了中国农村大变革的序幕，改变了中国农村发展的进程；同时，也开启了中国改革的大幕！

（一）家庭联产承包制确立

1978年12月，安徽凤阳小岗村开始了分田到户、自负盈亏的"大包干"，这是中国农民对自己前途命运的抗争，是一次自发行

动。在上无政策、下无支持的情况下，小岗村的自我革新无疑是冒天下之大不韪。因此在 1979 年，在实行大包干后第一年，小岗村即使第一次实现了粮食的大丰收，第一次向国家"交公粮"，仍然受到了上至部分中央领导、国家部委，下至县乡包括部分人民群众的质疑和批评。

在质疑声中，在批判声中，小岗村的突破在全国广大农村和农民中产生了极大的示范效应。1979 年春天，全国各地不少农民把人民公社的土地重新划分，三家五户结为小组，共同拥有那一份土地。到春耕时，全国已有 200 万个村的 3 亿社员采取了这种行动，后来被称为"包产到组"。

面对热火朝天的农村改革和农业生产，部分领导同志却抱有疑虑和担心，对"分田单干、包产到户"怀有戒心。其中，当时由国务院农业农村委员会主办的颇具权威性的《农村工作通讯》，在 1980 年第二期和第三期分别发文批评分田单干。其中第二期刊发《分田单干必须纠正》指出：分田单干的包产到户做法，违背了党的政策，会导致两极分化。第三期刊发《包产到户是否坚持了公有制和按劳分配？》的文章指出：分田单干的包产到户会使农村的社会主义阵地受到破坏。这无疑给满怀生产热情农民当头一棒，渐有起色的农业发展也受到影响。农村该如何发展？农业生产该如何组织？这些问题考验着党和国家领导人的勇气和智慧。

1980 年 5 月 31 日，邓小平同中央负责人就农村问题发表了重要谈话："农村政策放宽以后，一些适宜搞包产到户的地方搞了包产到户，效果很好，变化很快。安徽肥西县绝大多数生产队搞了包产到户，增产幅度很大。'凤阳花鼓'中唱的那个凤阳县，绝大多数搞了'大包干'，也是一年翻身、改变面貌，有的同志担心，这样搞会不会影响集体经济。我看这样的担心是不必要的。"在邓小平同志的支持下，农村土地改革步伐加快，以包产到户和包干到户为主要形式，在全国普遍展开。

1982 年 1 月 1 日，党中央签发《全国农村工作会议纪要》（1982 年中央 1 号文件）。文件明确指出包产到户、包干到户或大包干"都是社会主义生产责任制","不同于合作化以前的小私有的个体经济,而是社会主义农业经济的组成部分"。轰轰烈烈的包干到户、包产到户得到了党中央的肯定和承认,为家庭联产承包责任制的确立奠定了基础。

1983年1月,党中央颁布《当前农村经济政策的若干问题》(1983年中央1号文件)。文件指出:家庭联产承包责任制"是在党的领导下中国农民的伟大创造,是马克思主义农业合作化理论在我国实践中的新发展"。

农村的家庭联产承包责任制正式确立,中国农村实现了发展之路上的飞跃。

从此,在党中央一系列政策指引和支持下,中国农村的改革和发展有条不紊地向前推进,各地根据自身实际不断创新,在实践中探索。中国农民也逐渐从延续千年"面朝黄土背朝天"的传统耕作中解放出来,不仅解放了生产力,也解放了自身劳动力,通过多种方式,为农业的发展、农村的振兴做出了突出的贡献。

(二)社会主义新农村建设

在农村的改革和发展中,社会主义市场经济体制确立。以市场为主要的资源配置模式的出现,对农业发展、农村建设、农民生活不可避免地产生了诸多影响。农村地区在经过了多年的快速发展后,开始面临新的难题。党的十四大以后,中国经济持续保持快速增长,经济形势越来越好,但与此同时,农业、农村、农民却遭受着困境。1997—2000年,农民收入增幅连续4年下降,至2003年,收入增幅更降至4%以下,远远落后于同时期城市居民的收入水平。农业生产同样面临困境,市场体制的改革带来农资价格的上涨,种地收入不增,农业投入不足,加之自然灾害等原因,粮食生产减产。相较于城市的快捷、便利、丰富多彩,农村越来越失去对青壮年劳动力的吸引力。

总之,20世纪末21世纪初的几年间,"三农"问题面临着严峻形势。农业减产,农民种粮积极性不高甚至下降;农村各项事业的建设状况不理想;农民"有饭吃、没钱花"的矛盾比较突出,因病返贫、因教育返贫的问题比较突出。因此，当时农村社会矛盾日益突出，为中国社会今后的发展提出了崭新课题。

2005年10月8日至11日，中国共产党第十六届中央委员会第五次全体会议在北京召开。会议提出，要按照"生产发展、生活宽裕、乡风文明、村容整洁、管理民主"的要求，扎实推进社会主义新农村建设。

社会主义新农村建设的战略部署，是党中央审时度势，在新的时代背景和战略全局做出的重大战略决策。党中央不断强调：统筹城乡经济社会发展，建设现代农业，发展农村经济，增加农民收入是全面建设小康社会的重大任务。这显示出，无论何时，关注农村，关心农民，支持农业，一直都是党中央工作的重心。

社会主义新农村战略从"生产发展、生活宽裕、乡风文明、村容整洁、管理民主"五个方面，为今后农村地区的发展提出了要求，指明了方向，为农村建设掀开了新的篇章，迎来了农业农村发展的又一个春天。

（三）乡村振兴战略

农业丰则基础强，农民富则国家盛，农村稳则社会安。"三农"问题始终是中国建设和发展的重大问题。

从社会发展规律来讲，城镇化是国家实现现代化的必由之路和强大动力。但是城镇化发展并不意味要以牺牲农业、忽略农村、无视农民为代价。虽然说随着城镇化的推进，农村人口必然逐步减少，有些村庄也会因各种原因而逐步消失，但这并不意味着农业在国民经济中第一产业的地位会改变，并不意味着广大的农村地区会消亡，也不意味着数亿农村居民全部要涌入城市成为市民。可以肯定的是，不管城镇化发展到什么程度，乡村都不可能被消灭。根据联合国估测，到2050年，我国的城镇化率将达到72.9％。即使如此，到时候农村仍然会有几亿人口，这几亿人的生活空间必须建设好，必须满足其对美好生活的需求。因此，实现乡村振兴是由我国国情决定的。

2013年12月23日至24日，中央农村工作会议在北京举行。

会议强调，小康不小康，关键看老乡。会议还指出，农业还是"四化同步"的短腿，农村还是全面建成小康社会的短板。中国要强，农业必须强；中国要美，农村必须美；中国要富，农民必须富。农业基础稳固，农村和谐稳定，农民安居乐业，整个大局就有保障，各项工作都会比较主动。可以说，农业仍然是中国经济发展的基础，农村仍然是中国社会的基础，农民仍然是中国建设的中坚力量。此次会议再次强调要把解决好"三农"问题作为全党工作的重中之重，始终把"三农"工作牢牢抓住、紧紧抓好。

没有农村的小康，就没有全社会的小康；没有农业的现代化，就没有国家的现代化。如何实现农村的小康，如何实现农业的现代化，如何实现农民对美好生活的需求，党的十九大对这个问题做出了回答。

2017年10月18日，中国共产党第十九次全国代表大会在北京召开。习近平总书记在向大会作的报告中首次提出"实施乡村振兴战略"。十九大报告强调，"三农"问题是关系国计民生的根本问题，必须始终把解决好"三农"问题作为全党工作的重中之重。要坚持农业农村优先发展，按照产业兴旺、生态宜居、乡风文明、治理有效、生活富裕的总要求，建立健全城乡融合发展体制机制和政策体系，加快推进农业农村现代化。

乡村振兴战略是党在新时代、新形势下做出的战略部署，是党对我国现阶段社会矛盾重新定位的基础上做出的部署，是解决城乡发展不平衡、农村发展不充分问题的必然选择，是实现"两个一百年"奋斗目标的重大战略决策。党中央与国务院部署乡村振兴战略，旨在加强和改进乡村治理，增进乡村居民福祉，全面推进现代化强国。

二、乡村振兴战略的发展脉络

十九大提出实施乡村振兴战略，是党中央着眼于时代发展和战略全局，对"三农"工作做出的重大决策部署，是新时代做好"三农"工作的总抓手。乡村振兴战略具有坚实的基础。

（一）马克思、恩格斯、列宁关于乡村问题的论述

乡村是集农产品生产、社会稳定、生态涵养、文化传承、主体发展等多重功能于一体的与城市相对应的地理区域。[①] 在马克思主义经典理论中，乡村地区始终是关注的重点。马克思曾指出要通过国家加强支援的方式，来消灭城乡差别。马克思、恩格斯都认为，合理的农业发展方式，是一个国家工业化进程中农业发展的必然要求。

列宁也强调，在国家建设和社会发展中，要正视农民的正当利益需求。十月革命胜利后，列宁领导新生的苏俄转入社会主义建设，曾反复强调要注意俄国农民占全国人口大多数的国情；并且还强调认为，在一个农民人口占大多数的国家里，应把农民问题放在第一位。[②]

（二）毛泽东等老一辈革命家对乡村问题的论述

以毛泽东为代表的中国老一辈革命家，对农民问题有着深刻的认识。

毛泽东曾在《国民革命与农民运动》中明确指出："农民问题乃是国民革命的中心问题"。中国革命结合中国国情，坚持走"从农村包围城市"的道路才能获得最终的胜利。

中华人民共和国成立后，在新民主主义向社会主义过渡的历史进程中，毛泽东于1956年1月主持制定了《1956—1967年全国农业发展纲要》。《纲要》对农业工作的重要性进行了特别的强调："没有我国的农业，便没有我国的工业。忽视农业方面工作的重要性是完全错误的。"在《纲要》中，还对农业发展、农民生活水平的提高做出了部署："农业生产水平和农民生活水平的提高，主要依靠农民自己的辛勤劳动。但是，在工人阶级和共产党领导下的人

---

① 陈秋分，黄修杰，王丽娟. 多功能理论视角下的中国乡村振兴与评估[J]. 中国农业资源与区划，2018（6）.

② 陈晓娟. 列宁社会主义建设农民问题思想的探索实践与现实借鉴[J]. 广西青年干部学院学报，2004（11）.

民政府总是尽可能援助农民的。《纲要》所规定的许多农业增产措施,今后将逐步得到人民政府的更多的必要的援助。实际上,这是工农的互相支援,城乡的互相支援。"从这个《纲要》中,不难看出"三农"问题始终是中国各个时期的重要问题,什么时候都不能放松,不能降低标准。而且还强调了政府的政策支持、资源支持,明确了工业对农业发展的援助,确定了"工农互相支援,城乡互相支援"的方针。

(三) 中国特色社会主义理论关于乡村问题的论述

邓小平作为改革开放的总设计师,对农业农村问题十分重视。早在 1959 年,邓小平就曾经指出:农业是基础,始终要抓农业。后来,邓小平又指出:农业的发展是工业和整个国民经济发展的基础;农村的发展和稳定是整个国家发展和稳定的基础;农业是实现小康社会的基础。在邓小平关于乡村问题的论述中,特别强调农业的发展,把农业的发展作为中央工作的重点。因为只有农业发展了,农村才能发展,农民才能增收。因此,农业的稳定,是中国稳定的基础;加强农业基础建设,保持农业持续、稳定发展是中国社会稳定,顺利进行现代化建设的一项重要战略任务。[①]

江泽民在 1992 年主持召开湖北、湖南、江西、安徽、河南、四川六省农业和农村工作座谈会,强调指出:农业是国民经济的基础;关心农民的利益,关系到国家的长治久安。1998 年,江泽民在江苏、上海和浙江的农村,就农业和农村工作进行调查研究。在调查中,又特别指出:农业是国民经济的基础,把农业放在国民经济发展的首位,是一条长期的全局性的方针。同时,江泽民对于农村、农民问题也有精辟的论述,强调农村稳定是整个社会稳定的基础,农民问题始终是我国建设、改革的根本问题。这些论断对于指导市场经济体制改革中解决"三农"问题具有重要的指导作用。

胡锦涛在 2003 年的中央农村工作会议上指出:实现全面建设

---

① 李良生. 试论邓小平农村经济发展理论[C]. 全国第三次邓小平建设有中国特色社会主义理论研讨文集[M]. 北京:学习出版社,1997.

小康社会的目标必须更多地关注农村，关心农民，支持农业。2006年中央 1 号文件提出，在全国范围内取消农业税，这对促进农业发展、农村振兴、农民增收具有划时代的意义。2007 年党的十七大召开，胡锦涛代表党中央在十七大报告中提出"统筹城乡发展，推进社会主义新农村建设，建立以工促农、以城带乡"的战略，表明党中央对于"三农"问题的解决更加全面、深入、具体、系统。

习近平曾经在农村地区生活、工作多年，对农村和农民怀有深厚感情。在党的十八大、十九大报告中，习近平都代表党中央对"三农"工作做出指示，尤其是在党的十九大报告中，提出实施乡村振兴战略。这是党中央对于"三农"工作在新时代做出的全新的战略部署，是关系全面建设社会主义现代化国家的全局性、历史性任务，是新时代"三农"工作总抓手。

第二节　乡村振兴战略的意义

乡村兴则国家兴，乡村衰则国家衰。乡村地区占了我国国土面积的绝大多数，截至 2018 年底，乡村人口 5.64 亿人，占全国人口的 40.42%。解决好当前我国社会人民日益增长的美好生活需要和不平衡不充分的发展之间的矛盾，关键在于促进农业振兴，农村发展，农民幸福。党的十五大报告提出"两个一百年"的宏伟目标：第一个百年，到中国共产党成立 100 年的时候，全面建成小康社会；第二个一百年，到新中国成立 100 年的时候，建成富强、民主、文明、和谐、美丽的社会主义现代化强国。① 现在党中央正领导全国人民向"两个一百年"目标迈进。

小康不小康，关键看老乡。现在距第一个一百年目标的实现已经近在眼前，已经到了决战决胜的时刻。最终实现第一个一百年目标，一定要把农村、农民工作解决好。全面建成小康社会的宏伟目

---

① 2017 年 10 月 18 日党的十九大召开，习近平总书记在大会报告中进一步丰富了"两个一百年"宏伟目标。

标，最艰巨最繁重的任务在农村。党中央部署、实施乡村振兴战略，正是推动全面建成小康社会目标实现的重大战略举措，也是推动社会主义现代化强国建设的重大战略举措，更是早日实现中华民族伟大复兴的重大战略举措。

一、实施乡村振兴战略是建设现代化经济体系的重要基础

农业是国民经济的基础，农村经济是现代化经济体系的重要组成部分。农业在国民经济中的基础性地位，一直为党中央肯定。无论是百废待兴的建设时期，还是快速发展的改革时期，"三农"问题始终是中国共产党领导事业的重点问题。

农业丰则基础强，农业是中国社会发展和经济发展的基础。农业为工业的发展提供原材料、提供发展动力。社会生产的发展首先开始于农业，在农业发展的基础上才有工业的产生和发展。① 我国能够用占世界不到 10％的耕地，养活了占世界 20％的人口，创造出举世瞩目的世界奇迹，农业的重大贡献不容否定。

乡村振兴战略要突出农业的基础性地位，这是全面实现四个现代化建设的必然要求。要实现农业的发展和振兴，一方面要加大科技投入，坚持以粮食种植为中心；另一方面，要加快产业结构调整，促进农业产业升级。只有实现农业产业兴旺，才是抓住了乡村振兴的重点。

实现农业产业兴旺，构建现代农业产业体系、生产体系、经营体系，实现农村一二三产业深度融合发展，必将会增强我国农业创新力和竞争力，为建设现代化经济体系奠定坚实基础。

二、实施乡村振兴战略是建设美丽中国的关键举措

习近平总书记强调要"看得见山，望得见水，记得住乡愁"。这一美好理想是中国人的共同期盼，实现这一美好理想，乡村振兴

---

① 肖小虹．论农业的基础性地位[J]．现代商业，2012（11）．

是关键的战略举措。

从前，乡村地区的生活环境并不理想，普遍的情况是"垃圾靠风刮，污水靠蒸发；牲畜遍地走，粪便随处拉；家里现代化，屋外脏乱差"。这样的环境，不要说吸引游客来此观光旅游，就是农村居民自己对此也多有怨言。脏、乱、差的生活环境不仅不利于生活，更不利于农村的全面发展。在乡村振兴战略规划中，农村人居环境整治是一个重要内容。

党中央提出要建设生态宜居的美丽乡村，从垃圾清理、水资源保护、人居环境整治等方面进行了详细的部署，包括农村厕所革命，更是美丽乡村建设的重要方面。农村"厕所革命"也是乡村居住环境改造的重点。厕所的改建，是农村居民传统生活习惯的改变，是农村生活环境的改善。在习近平总书记看来，"厕所革命"关系到农民素质的提升、关系到农村社会文明的进步。

农村美，中国美。美丽、宜居的乡村是中国人的精神家园，是中华文化的生长根基；美丽乡村的图景，是农村居民生活富足后对生活质量提出的更高要求和目标。乡村地区生态资源丰富，是建设美丽中国的深厚基础。党中央提出要实现乡村地区的生态宜居，统筹山、水、林、田、湖、草系统治理，实现山清、水秀、林密、田肥、湖绿、草丰，实现美丽乡村建设目标。

三、实施乡村振兴战略是传承中华优秀传统文化的有效途径

中华文明根植于农耕文化，乡村是中华文明的基本载体。中国人对土地怀有深厚的感情。春夏秋冬，四季轮回，中国人在黄土地上生生不息，让中华民族不断发展壮大，走向富强文明。

中华文明得到了黄土地源源不断的滋养。那些口耳相传的乡俗民风，是中华文明的有机组成，是中国人记得住的乡愁，即使是现代科技和现代文化不断创新，乡村文明依然在中国人的血脉中延续着。2015 年的中央 1 号文件提出：创新乡贤文化，弘扬善行义举，以乡情乡愁为纽带吸引和凝聚各方人士支持家乡建设，传承乡村文

明。乡贤在漫长的中国乡村文化传承中发挥了重要的作用；由此形成的乡贤文化凝聚了一方百姓，连接着故土，维系着乡情，成为中华文明的一座丰碑。"新乡贤文化"概念的提出，是新的历史时期赋予传统乡贤文化以时代内涵，赋予新乡贤以时代责任，是对传统乡村文明的升华。

乡村振兴战略是综合性的战略，产业结构的调整和升级，新型产业的兴起和兴盛，为那些有识、有志之士反哺家乡、投身乡村建设提供了机遇。这不仅能够大力促进乡村地区的发展，同时也是传承中华民族优秀文化的有效途径。乡村文化是乡村文明的有机组成部分，是沉入中国人血脉中、一直存在并延续的文明基因。在乡村振兴战略的规划和实施中，要对乡村文明的传承、文化载体的续存予以重视。

乡村振兴，乡风文明是保障。传统中国乡土社会中蕴藏着许多丰富、朴素且多彩的传统观念，如"远亲不如近邻"的和谐邻里关系，如兄弟同心的家庭关系，如互帮互助的淳朴乡风，等等。这些朴素、充满乡土气息的文明乡风，使得乡村社会充满了浓浓的乡情、乡愁，是每个从乡村走出的人饱有的、不可磨灭的深厚的朴素情感。实施乡村振兴战略，使这些扎根于农耕文明、传承于家长里短的朴素情感焕发了新的活力，展示了其强大的生命力，为实现有效的发扬和传承提供了广阔的平台。乡村战略的实施，能够深入挖掘广袤黄土地上优秀的思想观念、人文精神、道德规范，能够让这些朴素而优秀的观念、情感、精神、理念得到发展、传承。

四、实施乡村振兴战略是健全现代社会治理格局的固本之策

基础不牢，地动山摇。乡村地区的面积、乡村地区的人口数量，乡村社会在发展中所面临的突出矛盾，乡村秩序建设中所遇到的阻碍，都决定着我国社会治理的基础在基层，薄弱环节在乡村。究其原因，在于乡村社会的管理、治理体制，与社会传统管理体制不同。

中华人民共和国成立以来，在乡村地区建立起人民公社体制，在乡村地区实行"人民公社—生产大队—生产队"的行政管理体制，在当时的社会背景和生产力水平、机械化水平较低的情况下，能够快速集聚起劳动力，以集体的力量发展生产，解决中国乡村长期期盼的吃饱穿暖的问题。但这种管理模式的不足和缺陷已经实践证明。因此，1980 年 2 月，广西宜州市合寨生产大队的生产大队长蒙广捷和韦焕能等人做出勇敢的探索，通过民主选举，由果作村全体村民选举建立了中国第一个村民委员会——果作村村民委员会。果作村委会不等不靠，依靠自身力量，自我管理，自我发展，自我服务，开启了乡村地区管理的新体制、新格局。此后，全国各地开始探索实践，学习果作村的经验，建立起本地区的村民委员会。这种大胆的探索实践也得到了党中央的充分肯定和大力支持。

1982 年 4 月，主持宪法修改工作的彭真在《关于宪法修改草案的说明》中指出："村民委员会是我国长期行之有效的重要组织形式。实践证明，搞得好的地方，它在调解民间纠纷、维护社会秩序、办好公共事务和公益事业，搞好卫生等方面都起到很大作用。这次将它列入宪法修改草案，规定它是群众自治性组织。"村民委员会从 1980 年起开始探索、发展的实践，经过两年的摸索，在1982 年制定《宪法》的时候，就正式赋予村民委员会合法的地位，写进《宪法》第 111 条，我国正式在乡村地区建立起村民自治制度，也为村民委员会在全国范围内广泛的建立提供了法律保障。

村民委员会自建立以来，成为乡村社会治理的中心，带领乡村居民进行民主决策、民主管理，带领乡村居民谋发展，谋幸福，做出了突出的贡献。但在新的历史时期，在新形势下，如何推进乡村地区改革的深化，如何在新老社会矛盾交织的情况下实现乡村地区的进步和发展，如何破解当前乡村社会治理中面临诸多新情况、新问题，都需要探索乡村社会治理的新思路、新模式。乡村振兴战略的规划和实施，为乡村地区的社会治理创新奠定了基础，能够确保实现乡村地区治理有效目标的实现。

乡村振兴，治理有效是基础。乡村地区治理有效，需要在继续坚持村民自治制度的前提下，建强乡村地区两委（基层党支部委员、村民委员会），加强乡村地区治理的组织领导，在党的领导下，在各级政府的政治保障下，健全自治、法治、德治相结合的现代化治理体系，以确保广大农民安居乐业、农村社会安定有序为目标，整合各方治理力量，形成共建、共治、共享的现代社会治理格局，实现乡村社会治理体系和治理能力现代化。

五、实施乡村振兴战略是实现全体人民共同富裕的必然选择

小康不小康，关键看老乡。乡村地区的振兴与发展，关乎2020年全面建成小康社会宏伟目标的实现。小康社会目标的实现，要求农业强、农村美、农民富，要求亿万农民内心体会到获得感、幸福感、安全感。乡村振兴，目标在于实现乡村地区的富裕、富足；同时，这也是实现乡村社会秩序稳定的必然要求。因此，实现乡村振兴，乡村居民的生活富裕是根本。

长期以来，乡村地区各方面均落后于城市。不论是乡村社会基础建设，还是乡村居民的个人收入；不论是乡村基本生活条件和生活环境，还是乡村社会基本服务提供，这些差距都是实实在在存在的。这些差距，不仅制约着乡村地区的发展，同样制约着整个社会的发展，制约着小康社会宏伟目标的实现。实施乡村振兴战略，实现乡村发展和振兴，实现乡村地区的富裕，是整个社会小康目标实现的必然要求。

实施乡村振兴战略，实现乡村地区的富裕，需要不断拓宽农民增收渠道。党中央谋划全体人民共同富裕，谋划全面建成小康社会宏伟目标，农村是基础，农民是关键。乡村振兴战略，为农业产业结构调整、农业产业体系升级、新兴产业发展做出了详细的规划和部署，为实现乡村地区的富裕奠定了基础。从先富带动后富，到实现全社会的共同富裕，乡村振兴战略所部署的各项举措、提出的各项要求，为实现乡村社会的富裕、为实现全体人民的共同富裕奠定了基础。

第三节 乡村振兴战略的任务

党中央擘画乡村振兴，旨在为广大农村居民谋幸福，让农村居民都过上富裕的好日子。乡村的振兴，不是一朝一夕可成，需要分阶段、按步骤，把宏伟的目标、蓝图分解成一个个阶段性的任务，按时间节点完成每一阶段的任务，并最终完成乡村振兴的总任务。

一、乡村振兴战略的总任务

1997 年 9 月 12 日，党的第十五次全国代表大会在北京召开，江泽民总书记在向大会所作的报告中指出：到建党一百年时，使国民经济更加发展，各项制度更加完善；到 21 世纪中叶建国一百年时，基本实现现代化，建成富强、民主、文明的社会主义国家。这是党中央首次提出到建党一百年和建国一百年时的战略目标。这就是后来党中央所强调的"两个一百年"宏伟目标的基础。

2002 年 11 月 8 日，党的第十六次全国代表大会在北京召开，江泽民总书记再次强调了"两个一百年"战略目标：全面建设惠及十几亿人口的更高水平的小康社会，使经济更加发展、民主更加健全、科教更加进步、文化更加繁荣、社会更加和谐、人民生活更加殷实。到 21 世纪中叶基本实现现代化，把我国建成富强、民主、文明的社会主义国家。

2007 年 10 月 15 日，党的第十七次全国代表大会在北京召开，胡锦涛总书记在向大会所作的报告中再次强调了中国共产党领导全国人民为实现第一个"一百年"宏伟目标而奋斗的决心：继续努力奋斗，确保到 2020 年实现全面建成小康社会的奋斗目标。

2012 年 11 月 8 日，党的第十八次全国代表大会在北京召开，胡锦涛总书记在向大会报告工作时，向全党、全国人民发出号召：胸怀理想、坚定信念，不动摇、不懈怠、不折腾，顽强奋斗、艰苦奋斗、不懈奋斗，在中国共产党成立一百年时全面建成小康社会！在中华人民共和国成立一百年时建成富强、民主、文明、和谐的社会主义现代化国家。

2017年10月18日，党的第十九次全国代表大会在北京召开，习近平总书记在向大会所作的《决胜全面建成小康社会夺取新时代中国特色社会主义伟大胜利》报告中首次提出了实施乡村振兴战略，并代表党中央对乡村振兴的总任务做出了部署：到2020年全面建成小康社会，实现党中央确立的第一个"一百年"宏伟目标；到2050年，把我国建成富强、民主、文明、和谐、美丽的社会主义现代化强国，实现党中央确立的第二个"一百年"宏伟目标。

党中央擘画的到2020年建党100年时全面建成小康社会的目标，是事关全体中国人民的大事，是事关中华民族伟大复兴的战略大局。在这个战略大局中，农业、农村、农民始终是关键。对于党中央来说，做好"三农"工作是大局，更是关键。因为到2020年全面建成小康社会，最艰巨的任务在农村，最突出的短板也在农村。在全面建设小康社会的目标中，农村、农民不能缺席。只有广大农民实现了小康，只有广大农村得到发展，只有农业得到了调整升级，才能确保2020年全面建成小康社会目标的实现。党中央擘画的2018—2020年乡村振兴战略规划，是为完成"两个一百年"宏伟目标的战略部署，总任务就是加快农业发展、农村改革、农民富裕，确保到2020年全面建成小康社会，实现党中央确立的第一个"一百年"宏伟目标；到2050年中华人民共和国成立100年时建成富强、民主、文明、和谐、美丽的社会主义现代化强国宏伟目标实现的时候，实现乡村全面振兴，全面实现农业强、农村美、农民富的战略目标。

二、乡村振兴战略的阶段性任务

（一）2020年，乡村振兴制度框架和政策体系基本形成

根据党的十九大的总体安排，根据乡村振兴战略整体推进实施的要求，到2020年中国共产党建党100周年的时候，在全社会全面建成小康社会的大目标下，乡村振兴形成常态化、制度化的制度框架、政策体系。这是乡村振兴战略第一阶段的任务。

正如习近平总书记在十九大报告中所指出的：从现在到 2020 年，是全面建成小康社会的决胜期。从党的十九大到党的二十大，是"两个一百年"奋斗目标的历史交汇期。在这样一个历史交汇期，乡村地区的振兴有着关键性的作用。

党中央和习近平总书记不止一次强调，在整个社会建设中，农业、农村、农民始终是我党关注的重点和工作的重心。这是因为在全面建设小康社会的战略中，乡村地区群众的获得感、幸福感、安全感是衡量小康社会建设水平的重要指标。小康社会的建设目标是乡村地区的人民群众的生活水平普遍达到小康水平。虽然目前总体上来看我国已经基本实现了小康社会的建设目标，但截至 2018 年底，农村地区仍然存在着 1 660 万贫困人口，这是关系着农村地区小康社会目标实现的决定性因素。因此，在 2019 年中央 1 号文件中，党中央提出：到 2020 年确保现行标准下农村贫困人口实现脱贫、贫困县全部摘帽，解决区域性整体贫困。实现农村地区贫困人口的全部脱贫，精准扶贫政策必须加强、加快，首先实现李克强总理在 2019 年政府工作报告中提出的"农村贫困人口减少 1 000 万人以上"的奋斗目标。其次是要攻坚克难，到 2020 年实现剩余贫困人口的彻底脱贫。具体来讲，要实现 2020 年全面建成小康社会的宏伟目标，需要坚持落实好党和政府的各项政策，按时间、保质量，确保每一项政策都落到实处。

1. 农业产业调整升级，农业实现融合式发展

传统农业生产模式正面临着改革的关键时期。在新的时代背景下，要大力发展绿色优质农产品生产，推进农业由增产导向转向提质导向，深入推进优质粮食工程。同时，还要结合地域实际，发展具有地域特征的新型农业产业，实现农业产业的调整、升级。

第一，要加快发展乡村特色产业。各个地区要根据自身实际，可以在"一村一品""一县一业"的基础上，发展特色产业种植、养殖，或者村与村之间实现联合，集中优质资源，形成农村特色农产品优势区域，坚持不断地提升农产品质量，创设出富有特色和影响的土特产品，扩大农村产业经营范围，拓宽农民增收渠道。

第二，要大力发展现代农产品加工业。农业是工业的基础，为工业发展提供原材料和劳动力。以前，政策强调农业对工业的支持；现在，已经是工业反哺农业的时机。农村产业调整升级，应当抓住政策供给的大好时机，结合本地区农产品的特色和优势，大力发展现代化的农产品加工业。可以从家庭农场、农民合作社等小型农产品初加工模式做起，逐渐以县域为基础，不断推动农产品加工的升级和联合；同时，农产品加工业还可以吸纳农村剩余劳动力，形成一定的农业产业调整特色，使农民分享农村新产业收益。

第三，要大力发展乡村新型服务业。农村广阔天地，理应大有作为。在新的社会发展形势下，乡村地区可以本地区资源为基础，发展农技推广、土地托管、代耕代种、统防统治、烘干收储等新型农业生产服务，也可以发展适应城乡居民需要的休闲旅游、餐饮民宿、文化体验、健康养生、养老服务等产业。这样，通过大力发展乡村新型服务产业，既可以实现农村剩余劳动力本地化的消化，又可以拓宽农民的收益来源。

第四，要大力支持乡村创新创业。在经济发展环境不太理想的时候，农村大量青壮年劳动力不断向外转移，空心化的乡村不断出现，也使得乡村地区的生态环境同城市间的差距愈发拉大。在乡村振兴战略实施的过程中，乡村有丰富的资源保障，有得力的政策供给，可以创造出宽松的环境，吸纳外出农民工、高校毕业生、退伍军人、城市各类人才返乡下乡创新创业，充分把乡村振兴的积极因素都调动起来，在完善的乡村创新创业服务体系的支持下，实现乡村各产业的发展，推动城乡差距不断缩小。

2. 实施精准扶贫政策，解决区域性整体贫困问题

由于地区资源、环境的限制和发展水平的差异，就算是乡村地区，贫富的差距也还是比较明显的。乡村地区的扶贫政策，要聚焦真贫，真正扶贫，只有这样才能实现贫困人口的真正脱贫。为此，党中央提出实施精准扶贫政策，强调要针对不同贫困区域环境、不同贫困农户状况，运用科学有效程序，对扶贫对象实施精确识别、精确帮扶、精确管理、精准治贫。也就是说，精准扶贫就是要谁贫困就扶持谁。

早在 2013 年 11 月，习近平总书记在湖南湘西考察时就提出要"实事求是、因地制宜、分类指导、精准扶贫"。

2014 年 1 月，中共中央办公厅就精准扶贫政策谋划顶层设计。

2014 年 3 月，在全国两会上，习近平总书记再次强调，要实施精准扶贫，瞄准扶贫对象，进行重点施策。

2015 年 6 月，习近平总书记在贵州省考察工作时，就扶贫开发工作指出："贵在精准，重在精准，成败之举在于精准"。

根据党中央和习近平总书记的设计，精准扶贫要注重抓住六个精准：扶持对象精准、项目安排精准、资金使用精准、措施到户精准、因村派人精准、脱贫成效精准。习近平总书记借助农田灌溉的形式，把普遍的扶贫政策称之为"大水漫灌"，确定到贫困户、贫困人口的精准扶贫称之为"精确滴灌"。

2018 年，全国乡村地区还有 1 600 多万贫困人口，在全面建成小康社会决战决胜的关键时期，精准扶贫政策的实施尤其关键，只有切实做到"扶真贫、真扶贫、真脱贫"，结合贫困地区、贫困人口的实际，构建形式多样、切实可行的扶贫模式，如电商扶贫、旅游扶贫、教育扶贫、产业扶贫等形式，才能真正实现贫困人口真脱贫、贫困地区真脱贫。

3. 美丽乡村建设取得明显效果

2008 年，浙江省安吉县为落实党中央提出的"建设社会主义新农村"的部署，正式提出"中国美丽乡村"计划，出台《建设"中国美丽乡村"行动纲要》，逐步推进安吉县的美丽乡村建设。

此后，浙江省的美丽乡村建设行动普遍展开。各地根据自身实际，进行危房改造，发展生态农业，开展乡村旅游，等等。美丽乡村建设取得巨大进步。

2013 年 7 月，习近平总书记在湖北鄂州考察工作，在谈到乡村建设的时候指出：农村绝不能成为荒芜的农村、留守的农村、记忆中的故园。

"望得见山、看得见水、记得住的乡愁"是美丽乡村的标志，也是乡村振兴战略的重要内容。经过 20 年的建设和发展，到 2020 年，乡村地区的进步取得重大突破，乡风文明，村容整洁，美丽乡村建设取得明显效果。

4. 基层组织堡垒作用明显增强

基层组织是联系乡村广大群众与党和政府的桥梁和纽带。基层组织既是乡村振兴战略实施的组织者，也是领导者，在乡村振兴过程中有着关键性的作用。乡村振兴的过程，同时也是建强基层组织的过程，这也是党的十九大对基层组织建设提出的要求。

到 2020 年，乡村振兴的阶段性目标实现，全面小康社会建成。对于基层组织来讲，对群众的组织、宣传、凝聚、服务能力得到全面提升，能够更坚决地执行党的方针政策，能够更加广泛地团结广大群众，能够更加有力地带领广大群众投身乡村建设，实现乡村的全面振兴。

5. 乡村综合治理体系基本形成

乡村治理是乡村振兴战略的主要内容。乡村综合治理是在原有乡村传统治理的基础上，结合实际需要，对乡村的村镇布局、生态环境、基础社会、公共服务、乡村秩序等方面进行合理的优化配置，这其中，对乡村秩序的治理尤为重要。

乡村秩序是在长期的生产、生活过程中，在本地区形成的为群众所熟悉并遵守的生产、生活状态。乡村秩序的形成大多是内向的自发性作用，靠世代相传的习惯传承。受到以往生活习惯、生产方式、风俗观念等的影响，原来的乡村秩序中存在某些不合时宜、不符合社会发展变化和人民群众需求的方面，需要进行改革。

乡村振兴战略所提出"乡村善治"要求，就是强调要在乡村地区建立起综合治理体系，要充分建立起自治、法治、德治相结合的综合治理体系。自治强调坚持村民自治制度，在充分尊重农村居民主人翁地位的基础上，充分发挥村民自我管理、自我教育、自我服务的自觉性、能动性、积极性，积极投身到乡村秩序改革和建设中去。法治强调乡村秩序的治理与改革必须遵循宪法、法律的要求，这是依法治国原则在乡村建设中的要求，必须遵循。无论是基层组织，还是广大人民群众，都必须有法治的观念，必须始终遵守法律，坚持依法办事。德治强调在乡村秩序治理和改革中，要注重发挥典型模范的示范带动作用。乡村地区有诸多能人，有种田能手，有养殖能手，有尊老模范，有孝亲模范，还有其他各个方面的典型模范人物。乡村治理过程中，要充分发挥乡村社会中的正能量，在广大乡村地区形成积极向上的大好氛围，积极促进乡村振兴战略的实施和推进。

（二）2035 年，农业农村现代化基本实现

1964 年 12 月 20 日，第三届全国人民代表大会召开，周恩来总理在向大会做《政府工作报告》时提出："要在不太长的历史时期内，把我国建设成为一个具有现代农业、现代工业、现代国防和现代科学技术的社会主义强国……全面实现农业、工业、国防和科学技术的现代化，使我国经济走在世界的前列。"从此，"四个现代化"成为中国人为之努力奋斗的宏伟目标。

农业现代化是"四个现代化"的基础，更是其他三个现代化实现的保障。只有农业的现代化实现了，"四个现代化"的宏伟目标才能真正实现。这是因为，在四个现代化的建设和发展中，农业现代化由于受传统生产习惯的限制，受传统耕作方式的影响，受地理环境的制约，其机械化、科技化的程度最低；更由于农业在发展中因其"高投入、低产出"的不足，在经济飞速发展的背景下渐渐失去其吸引力、凝聚力。但乡村战略的规划和实施，是改变这种不正常现象的大好机遇。事实上，随着近年来国家惠农支农政策的不断出台，各项惠农措施的实施，农业正在恢复其原有的生机和活力，迸发出新的生命力。

到 2035 年，乡村振兴取得决定性进展的时候，农业农村现代化基本实现；到 2035 年，农业产业结构通过较长时期调整后得到根本性改善，农民的就业质量显著提高；到 2035 年，在国家不断加大扶贫工作力度的前提下，农村贫困人口消失，相对贫困进一步缓解，农民在实现共同富裕的道路上迈出坚实步伐；到 2035 年，城市反哺农村、支持农村发展成为常态化机制，城乡

基本公共服务均等化基本实现，城乡融合发展体制机制更加完善，城乡差距进一步缩小，基本实现无差别化；到 2035 年，通过不断的治理、发展、宣传、教育，通过"立家规、传家训、正家风"等一系列活动，乡风达到更加高度的文明，积极作用得到彰显，成为乡村生活中重要的精神力量，同时，以自治为支撑、法治为保障、德治为补充的乡村治理体系更加完善，乡村秩序更加和谐、稳定、安全、有序；到 2035 年，农村生态环境根本好转，蓝天、绿水、青山、密林的良好愿景展现出美丽容颜，生态宜居乡村呈现出一片繁荣景象。

（三）2050 年，乡村地区实现全面振兴

根据规划目标，到 2050 年，乡村地区实现全面振兴，"农业强、农村美、农民富"的目标全面实现。

农业强，则国强。党中央一直以来都强调农业是立国之本，强国之基，农业的强大、强盛，是中国强大、强盛的基础，是中华民族实现伟大复兴的基础。到 2050 年乡村实现全面振兴的时候，农业成为整个社会产业中有奔头的产业，具有丰富的吸引力。到那时，农业产业结构调整完成，产业升级更进一步，更加突出科技农业、持续农业、效益农业的特色和优势；到那时，粮食生产实现稳定，能够为国计民生提供坚实的保障；到那时，农业成为具有丰富吸引力的产业，能够充分集聚人才、资源、技术、资金等要素，是中国经济发展不可或缺的坚实力量。

农村美，则国美。美丽宜居的乡村是美丽中国浓墨重彩的画卷。到 2050 年，美丽乡村成为人人向往的生态家园，具有极大的向心力。到那时，不再有空心化的村落，留守老人、留守儿童也已经成为过去，到处是一片欢声笑语的盛世图景。到那时，农村里水、电、路、通信基础设施齐备，村落里"鸡犬相闻"，村庄里干净整洁；到那时，农村的人居环境实现大变化，"楼上楼下、电灯电话"成为最基本的配置，村庄内道路干净，鸟语花香，如一幅盛世田园美景；到那时，农村的生态环境优美，看得见绿水，望得见青山，成为安居乐业的美丽家园。

农民富，则国富。农民为国家建设和经济社会发展做出了巨大的贡献，在中国富强、中华民族复兴的宏图大业里，农民从来都是最具牺牲精神、奉献精神的群体。农民的富裕程度、农民的获得感、生活的幸福感是衡量党和政府关于"三农"政策成效的最重要指标。在党中央的关怀关心下，中国数亿农民正以更加饱满的精神状态投入社会主义现代化建设中来。到 2050 年，农民的"钱袋子"都鼓鼓的，曾经"面朝黄土背朝天"、靠土里刨食的日子一去不复返，农民的收入有更广泛的来源，如家庭经营收入、农闲工作收入等，农民的幸福指数直线上升。到那时，城乡生活水平差距基本消除，城市居民可以享有的社会福利，农民都可以享有；到那时，在中央一项接一项富民政策的帮扶下，不再有贫困人口，农民实现真正的富裕，农民成为具有丰富吸引力的职业；到那时，农民在充满生机和活力，充满希望和收获的田野上，纵情歌唱。

第四节　乡村振兴战略的原则

一、坚持党管农村工作

东西南北中，工农商学兵，党是领导一切的。党对农村工作进行领导，是党对做好"三农"工作的必然要求。战争年代，党带领中国人民走"农村包围城市"的道路，取得了革命的胜利；建设时期，在党的领导下，农业第一产业的地位日益得到巩固，为国民经济恢复和发展发挥了重要作用；改革时期，党对农村工作愈加重视，从一系列中央 1 号文件，到各项惠农政策，无不体现出党对农村工作的重视。

坚持党管农村工作原则，突出农村工作中党的领导地位和作用，是新时期做好"三农"工作的必然要求。坚持党管农村工作的原则，要在实现乡村振兴战略中突出党的中心地位，始终毫不动摇地坚持和加强党对农村各项工作的领导。

基层党组织是党的领导在乡村地区的实际体现。以乡镇党委和村党支部为主要组织形式的基层党组织，在做好党领导农村工作上，上传下达，在党中央统揽农村工作全局的基础上，积极协调农村建设的各方力量，做好统筹协调，完善领导机制，始终成为乡村振兴坚强有力的政治保障。

二、坚持农业农村优先发展

基于农业的第一产业地位、农村地区在整个国计民生中的重要地位，党中央始终坚持农业农村优先发展的政策。乡村振兴战略实施进程中，工业升级改造，第三产业蓬勃发展，但要始终坚持农业农村优先发展的原则不动摇。

坚持农业、农村优先发展，要坚持把实现乡村振兴作为全党的共同意志、共同行动。全党同志要做到认识统一、步调一致，集中优势力量，不断促进农业发展、农村振兴。乡村振兴战略的实施，离不开资金支持、资源保障，因此，农业农村优先发展的原则，要求中央资金大力支持和优先保障，加大农业农村人才培养力度，为乡村振兴提供充足的资源保障。坚持农业农村优先发展，还要做到在关系农业农村发展的公共服务上优先提供保障，为农业农村发展提供技术支持、制度供给，并多方努力，积极筹措，加快速度补齐农业农村短板。

三、坚持农民主体地位

目前，中国有 5 亿多农民，随着城市化的发展，农民的数量还会缩减。但是，农民始终是中国社会中最主要的社会群体之一，在中国经济社会发展中的地位和作用永远不容忽视。乡村振兴战略是为农民谋福利、促发展的战略，是实现农民富裕的战略，因此，乡村振兴战略的实施，应当坚持农民主体地位不动摇，要充分尊重农民意愿。

坚持农民主体地位，就要切实发挥农民在乡村振兴中的积极性、能动性、创造性，把农民的聪明才智充分展现出来，根据自身实际，选择适合的产业、职业、生产经营模式，最大限度地实现增产增收。

坚持农民主体地位，就要坚持把维护农民群众根本利益、促进农民共同富裕作为所有工作的出发点和落脚点，以农民认可不认可、满意不满意作为衡量一切工作成效的标准，要以农民是否实现持续增收作为衡量政策措施成效的标准；坚持农民主体地位，就要通过各项政策实施，使各项工作扎实推进，不断提升农民的获得感、幸福感、安全感。

四、坚持乡村全面振兴

党中央擘画乡村振兴战略，是乡村的全面振兴。坚持乡村全面振兴战略，就要坚持准确理解和把握乡村振兴的内涵，从农业到农村再到农民，从产业到基础再到生活，关于乡村社会的方方面面都应当得到全面的发展和振兴。

坚持乡村全面振兴原则，就要加强挖掘乡村多种功能和价值，如文化传承功能、生态维护功能、经济建设功能、秩序稳定功能等，让乡村的价值得到充分的彰显。

坚持乡村全面振兴原则，就要统筹谋划农村经济建设、政治建设、文化建设、社会建设、生态文明建设和党的建设，注重协同性、关联性，整体部署，协调推进。具体来讲，在经济上，要促进农村经济结构调整，在保证粮食生产的前提下，发展复合型农村产业经济，确保农村经济稳步快速增长；在政治上，要在党的领导下，认清大局，理解大局，服务大局，在基层政府的直接指导下，全面推进乡村振兴战略；在文化上，要坚持和弘扬优秀民族传统文化和风俗习惯，同时结合时代发展实际，传播新理念，弘扬新精神，使整个乡村文明既传承传统，又与时俱进；在社会秩序建设上，要充分运用自治、法治、德治方式，治理乡村社会秩序，坚持民主管理，增强农民的主人翁意识和责任感，积极投身到乡村振兴战略实践中去；在生态文明建设上，要坚持合理开发利用，坚决杜绝滥砍滥伐，过度开发，维护乡村资源的可持续发展，同时还要加强生态环境整治，为农村居民建设美丽家园；在党的建设上，要始终维护党的领导的核心地位，健全、建强党的基层组织，充分发挥其战斗堡垒作用，做好党的富民惠农政策的宣传员、广播员、战斗员，确保党的方针政策在农村地区落地实施。

五、坚持城乡融合发展

由于历史及其他方面的原因，城市和乡村的差距一直存在，并有多种表现，这也是农村发展动力不足的原因之一。实施乡村振兴战略，坚持城乡融合发展原则，就是要消除这种差距，实现城市和乡村同步、均等、协调一致地发展。

坚持城乡融合发展原则，首先要坚决破除体制机制弊端，消除人为设置的城乡壁垒，打破城乡交流的藩篱，探索建立城乡融合的有效实施机制，为城乡融合发展提供制度保障。

坚持城乡融合发展原则，还应当坚持市场在资源配置中起决定性作用，这是社会主义市场经济的本质要求。在市场竞争环境下，农村丰富的人力、物力资源应当有更广阔、更顺畅的适用空间。市场竞争，适者生存。在法治保障下，在制度基础上，优良的资源配置能够有效促进农村经济发展。

坚持城乡融合发展原则，政府要充分发挥作用，主动作为，积极作为。基层政府应当积极协调，为乡村资源向城市流动提供路子；同时，基层政府还应当积极吸纳城市优质资源向乡村地区流转，提供好服务和政策支持，让城市资源有"用武之地"，并借助城市发展的平台和广泛的优势，为乡村发展开辟新的路径。大、中、小各类城市应当破除成见，充分尊重、认可、肯定乡村资源对城市发展的贡献，要切实制定措施，在教育、医疗、居住、就业、社会保障等方面，为乡村资源提供均等机会和服务，确保农村劳动力在城市获得认同，有归属感。

只要能够坚持城乡融合发展原则，坚持乡村振兴中的城乡联动，就能够实现城乡间各要素自由流动、平等交换，就能够统筹推动和实现新型工业化、信息化、城镇化、农业现代化的同步发展，就能够在经济社会发展中真正形成工农互促、城乡互补、全面融合、共同繁荣的新型工农城乡关系。

六、坚持人与自然和谐共生

绿水青山就是金山银山，不能为了金山银山，不要绿水青山。绿水青山是美丽乡村的标志，是乡愁的源头和归宿。实施乡村振兴战略，在实现乡村全面振兴和发展的同时，要始终坚持人与自然和谐共生的原则。

坚持人与自然和谐共生的原则，是因为自然为人类社会的发展提供了丰富了资源，同时又消解了人类社会发展产生的诸多负担，这是自然对人类社会的贡献。坚持人与自然和谐共生原则，是尊重自然、敬畏自然，是人类社会为了自身的发展和未来。

坚持人与自然和谐共生原则，就要坚持落实节约优先、保护优先、自然恢复为主的方针；要始终注意节约资源、杜绝浪费，利用资源还要注意保护资源，避免给自然造成无法弥补的伤害，让自然保持自我修复的能力。坚持人与自然和谐共生原则，就要坚持统筹山、水、林、田、湖、草系统治理，始终严守生态保护红线，以绿色发展引领乡村振兴。

七、坚持改革创新、激发活力

改革开放 40 余年来，农村地区获得了飞速发展，发生了翻天覆地的变化。如何在新的历史时期实现更加优质、更加快速的发展，乡村振兴战略做出了回答。要实现乡村全面发展和振兴，就要坚持改革创新，激发活力。

坚持改革创新、激发活力原则，要求不断深化农村改革，推动农村生产经营、产业调整升级向深层次推进，发展新种植业，开发高附加值产业；还要持续扩大农业对外开放，发展外向型农业，通过不断提升品质，增强农业产品的国际市场竞争力。坚持改革创新、激发活力原则，要注意激活乡村振兴的主体，激活乡村社会各种积极要素，激活乡村、城市、国际市场，通过对各方积极力量的调动，促使其投身乡村振兴。坚持改革创新、激发活力原则，要坚持"科学技术是第一生产力"，注重加大科技研发和利用，不断加大科技投入,以科技创新引领和支撑乡村振兴,不断引进人才,培养人才,以人才汇聚推动和保障乡村振兴,增强农业农村自我发展动力。

八、坚持因地制宜、循序渐进

我国的国土面积相当大,乡村地区又占到了其中的绝大部分。乡村地区从南到北、从东到西,呈现出非常大的地区差异。北方夏热冬冷,气温年较差非常大,且年降水量较少,土地较为平整,肥沃,大面积地块儿多;南方夏热冬暖,气候湿润,降水多,丘陵地区特征明显。东部地区气候较为湿润,水资源丰富,以平原为主,农业农村发展基础好;西部地区则气候干旱,全年少雨,水资源严重短缺,土地贫瘠,生产生活条件恶劣,基础差。这就决定了我国农村地区的振兴和发展不可能建立一个完全统一的标准、通用的模式,适用于所有的乡村地区。因此,乡村地区的发展和振兴必须立足于实际。在实施乡村振兴战略过程中,应当结合当地自然环境、土地资源、生活习惯、生产传统等现实,始终坚持因地制宜、循序渐进的原则,走适合本地区发展实际的振兴之路。

坚持因地制宜、循序渐进原则,就要科学把握乡村的差异性和发展走势分化特征,做好顶层设计,注重科学规划,因地制宜,因势利导;坚持结合地区差异分类施策,必要时可以一地一策;坚持突出重点,体现本地特色。坚持因地制宜、循序渐进原则,还要特别强调真心而为、尽力而为,坚决杜绝为了完成任务而应付差事,敷衍了事。乡村振兴是一个循序渐进的过程,具有持续性、长久性,要坚决杜绝急躁冒进、不讲科学、不顾实际。坚持因地制宜、循序渐进原则,各级政府、各类组织要杜绝任何的层层加码行为,杜绝不顾实际的一刀切行为,更要杜绝和查处形式主义和形象工程。此外,对那些对上敷衍塞责、对下瞒哄欺压的人,更要严厉查处,为乡村振兴战略实施营造风清气正、积极向上的环境。

第二章

乡村振兴战略的目标

乡村振兴战略所确定的近期、中期、远期目标，都是围绕"三农"事业来组织和实施的。乡村振兴战略是推动农业振兴、农村发展、农民富裕的战略，一切规划、一切制度、一切政策、一切措施，都是为"农业强、农村美、农民富"的战略目标的推进实施和最终实现服务的。

第一节　产业升级农业强

农业是立国之本，强国之基。中国农业要强起来，这是中国富强、中华民族复兴的基础。乡村振兴战略确定"农业强"的战略目标，是站在时代和历史的高度做出的战略规划，为我国今后农业的发展指明了方向。

一、农业强的坚实基础

国家统计局统计数据显示，2018年我国粮食总产量达到65 789万吨，粮食产量已经连续四年保持在65 000万吨以上。要知道，我国是一个自然灾害频发的国家，同时粮食种植受地理环境、气候环境等因素影响较大，能够连年保持粮食稳定生产，这是非常了不起的成就，同时也证明，乡村振兴战略所确立的"农业强"战略目标有着深厚的物质基础，必将通过各项政策、措施的实施，最终实现。

（一）粮食生产有潜力

手里有粮，心里不慌。对于农民来说，粮食是命根子；对于国家来说，粮食是持续发展的根本保证。因此，关于粮食生产，党中央十分关注，连年通过1号文件强调农业生产的重要性，要求不断增强粮食生产能力，不断强化农业基础地位。

粮食生产是农业发展的核心，所有的强农、惠农、支农政策的制定和实施，根本目的都在于稳定粮食生产。毕竟要解决十几亿人口的吃饭问题，粮食生产与粮食安全任何时候都不能放松。

这几年，粮食生产环境并不理想，但我国的粮食产量还是保持稳定，这就表明我国粮食生产还大有潜力。因此，乡村振兴战略规划的"农业强"战略目标，有赖于粮食生产的稳定和增长，有赖于粮食生产潜力的挖掘。

粮食生产的确大有潜力可挖。从主打粮食品种来说，可以通过种植结构调整，结合土地实际状况，选择适合本地种植的农作物，最大程度挖掘粮食生产潜力。2018年，乡村振兴战略开始实施的第一年，我国就对农业产业结构进行调整优化。其中，调整了非优势区水稻种植面积800多万亩①、玉米400多万亩，改种植符合地区实际的农作物，有效通过休闲农业、乡村旅游等新产业形态进行补充，实现超过8 000亿元的收入。

农业产业结构的优化调整，带来的就是粮食生产能力的稳定和粮食产量的稳定。2018年，农业农村部组织实施划定粮食生产功能区和重要农产品生产保护区，达到了9.3亿亩，并完成了水稻、小麦和大豆生产的划定任务。2018年全年新建高标准农田8 200万亩，高效节水灌溉面积超过2 000万亩，农机深松深翻整地超过1.5亿亩。这些都为粮食稳定增产奠定了基础。因此，只要粮食稳定增产，就为农业强奠定了坚实的基础。今后，随着乡村振兴战略的稳步推进，将会更加深入挖掘粮食生产潜力，"任凭风浪起，稳坐钓鱼台"，始终把中国人的饭碗牢牢端在自己手上。

（二）耕地红线有保障

粮食生产的增产丰收，都建立在耕地这一最根本的基础之上。

---

① 亩为非法定计量单位，1亩＝1/15公顷。——编者注

因此，粮食产能如何，农业产业结构如何调整，耕地这一最基础、最根本的要素都不能有任何的退让。无论任何时候，都不得以牺牲耕地为代价，换取一时的所谓经济增长，否则就是竭泽而渔，杀鸡取卵。

"农业强"战略目标要求稳产量，提产能。这必然要求稳定粮食的种植面积。2006 年，国务院发布《全国土地利用总体规划纲要（2006—2020）》，根据土地利用情况和经济社会发展实际，特别强调"中国耕地保有量到 2010 年和 2020 年分别保持在 18.18 亿亩和 18.05 亿亩，确保 15.60 亿亩永久基本农田数量不减少，质量有提高。"2018 年 2 月 13 日，自然资源部印发《关于全面实行永久基本农田特殊保护的通知》，其中特别明确，到 2020 年全国永久基本农田保护面积不少于 15.46 亿亩，并且特别强调"划定基本农田后，任何单位和个人不得占用、不得改变其性质"。永久基本农田是最优质、最精华、生产能力最好的耕地，要让最好的地种植最好的粮，实现最大的丰收。

永久基本农田的划定及严格保护，是"农业强"战略目标实现的有力支撑。永久基本农田是耕地的精华，国家把最优质、最精华、生产能力最好的耕地划为永久基本农田，是立足于我国人多地少、耕地后备资源不足这一基本国情而做出战略部署，并且强调要集中资源、集聚力量实行特殊保护。国家采取有力措施，保持耕地面积，有利于巩固和提升粮食生产能力，有利于确保粮食自给自足、粮食生产安全，能够确保把十几亿中国人的饭碗始终牢牢端在自己手上。

为了保障耕地面积，党中央、国务院出台了严格的政策、措施，要求"坚决守住 18 亿亩耕地红线"。为了坚守这一目标，国家制定有《土地管理法》《土地管理法实施条例》《基本农田保护条例》等法律、法规，为耕地保护提供法律依据，这是保守耕地红线的最有力保障。

（三）科技投入促产出

科学技术是第一生产力。农业的发展和振兴离不开科技的支持。我国一直重视农业生产中的科技投入，在耕地总面积有限、人均耕地面积有限的情况下，在自然灾害多发、农作物受灾不断的情况下，还能够连年获得粮食的丰产丰收，这都是科技研发、应用的贡献。因此，科技投入是"农业强"战略目标实现的有力支撑。

2012年中央1号文件以"加快推进农业科技创新，持续增强农产品供给保障能力"为主题，强调农业科技创新与投入，为农业发展和腾飞插上科技的翅膀。为落实科技支农、科技兴农的政策，国家不断加大对农业科技创新的投入。党的十八大以来，国家在农业科技创新、发展、推广等方面的投入累计超过300亿元，并且还将继续加大投入的力度。在农业科技创新支持下，鼠标轻点，机器种田；卫星导航，机器播撒，飞机施药；瓜果丰收，APP上线，瞬时销空；二维数码，追本溯源，农业产品，质量保证。这一切都是农业科技创新带来的翻天覆地的变化。对于农民来讲，面朝黄土背朝天、挥汗如雨的田间耕作，正在逐渐成为过去时。

2018年的中国农业农村科技发展高峰论坛上有权威数据显示："我国农业科技进步贡献率由2012年的53.5%提高到2017年的57.5%。"农业科技进步贡献率取决于农业科技应用对农业增产的贡献。这表明，科技是第一生产力在农业生产增产上，有了最为真实的体现。

乡村振兴战略在谋划中长期目标的时候，特别提到了要"强化农业科技支撑"。根据战略规划要求，在乡村振兴战略实施过程中，加快农业科技进步，提高农业科技自主创新水平、成果转化水平，为农业发展拓展新空间、增添新动能，引领支撑农业转型升级和提质增效，将会是"农业强"战略目标实现的重要保障。

二、农业强的实施路径

20世纪70年代，美国前国务卿基辛格说过一句名言："谁控制了粮食，谁就控制了人类。"我国从古至今都明白"民以食为天"的道理。所以说，在国家发展和复兴大业中，保障我国的粮食安全尤为重要。乡村振兴战略确立的"农业强"战略目标，是保障粮食安全的重大战略。在实施乡村振兴战略进程中，要结合实际，走立足现实、富有特色的农业振兴之路。

（一）加强农业法律政策保障

没有规矩，不成方圆。农业工作千头万绪，事务繁杂，必须要有完善且可靠的法律政策保障，才能确保建立起农业发展的长效机制。尤其是农业的生产周期长，生产投入大，投入的效益显现有明显的时间差，不能有任何急功近利、投机取巧的心理。

农业发展的法律体系建设是"农业强"战略目标实现的必然要求。在依法治国的背景下，农业发展过程中的各项事务、各项制度、各项措施都需要健全的法律体系来保驾护航。比如，农业发展必不可少的种子、化肥、农药等必备的农资产品，其价格是否稳定、质量是否达标等都必须由法律来明确规定，并严格按照法律规定加强检查监督，对在农资保障上弄虚作假的任何人和任何公司必须予以严格的法律责任追究。已经曝光的一些农资作假坑农的案例已经证明，利益面前，总会有人铤而走险，丧心病狂。农资作假，不仅仅是给农民带来经济上的损失，更是对整个农业保障体系的破坏。我国目前已经建立起以《宪法》为核心的农业法律、法规体系，如《农业法》（2012 年）、《种子法》（2013 年）、《农产品质量安全法》（2018 年）、《农村土地承包法》（2018 年）、《农民专业合作社法》（2017 年）、《农业技术推广法》（2012 年）等 10 余部农业生产中的基础性法律，另有《农药管理条例》《基本农田管理条例》《农民专业合作社登记管理条例》《农业机械安全监督管理条例》《耕地占用税暂行条例》《土地复垦条例》等数十部农业管理法规和规章。这些法律法规是农业生产和发展的法律支撑。

农业政策是农业发展的调节器。相对于法律的稳定性、滞后性，农业政策能够根据生产实际和市场变化，及时做出调整，为农业生产和发展提供及时、准确、快速、高效的引导和服务。农业政策在"农业强"战略目标实现过程中的地位和作用十分重要，应当继续用好并充分发挥其调节器作用。农业政策相比于立法周期长、时效性欠缺、以问题防范为主的农业法律而言，具有"短、平、快"的优势，因而在农业发展中发挥着不可替代的作用，今后仍然要坚持制定好、落实好各项农业政策，有效促进农业发展。比如从2004年开始实施的粮食最低收购价政策，及时消除了种粮农户的担忧，国家实行"托底价"保障种粮农户的利益，有效防止"谷贱伤农"情况的出现，保护了农民的种粮积极性。比如自2006年开始实施的种粮补贴政策，极大地调动了农民的种粮积极性，对促进农业生产稳定和增长发挥了重要作用。比如现在正在实施的精准扶贫政策，是国家扶贫政策的升级版，对保障真正贫困人口真正脱贫提供了有力的政策支持，能够有效促进全面建成小康社会目标的实现。

因此，"农业强"战略目标的实现，离不开农业法律、农业政策的有力支持。今后，应当继续加强农业领域立法并加强法律责任追究，确保法律保障作用的发挥。同时，还必须立足于农业发展实际，制定好、实施好农业政策，为农业发展提供得力的政策支持。

（二）加强农业基础设施建设

人之命脉在田，田之命脉在水。因此，实施乡村振兴战略，加强农业发展，必须解决"靠天吃饭"的问题。

由于我国南北、东西气候、地理环境差异大，水资源分布不均匀，加上生产传统、耕作习惯的影响，农业基础设施建设的问题并未能得到根本解决，其中"靠天吃饭"的问题成为制约农业发展的一大障碍。在我国，经济不够发达的中西部地区，尤其是西部省份的山区，农业基础设施发展较为落后，严重制约着当地农业的发展。

加强农业基础设施建设，关系着乡村振兴战略的实施，关系着"农业强"战略目标的实现，是推动农村经济发展、促进农业和农村现代化进程的一项重要措施。一般情况下，农业基础设施建设主要包括：农田水利建设，农产品流通重点设施建设，商品粮棉生产基地、用材林生产基础和防护林建设，农业教育、科研、技术推广和气象基础设施等。改革开放40余年来，我国农业基础设施建设取得了很大的发展，极大地改善了农业生产条件，极大地保证了农业的增产增收。这其中，农民最为关注的应该是农田水利建设。

2011 年中央 1 号文件指出："农田水利建设滞后仍然是影响农业稳定发展和国家粮食安全的最大硬伤。"农田水利建设是现代农业建设不可或缺的重要环节，事关农业农村发展，事关粮食生产和粮食安全。我国的农田水利应当大有所为，加大资金和技术投入，因地制宜建设农田水利基础设施，解决好农田水利"最后一公里"的问题，实现大有作为。

自 2011 年党中央提出"大兴水利"的部署以来，我国的农田水利建设取得了长足进步。截至 2018 年，我国的农田灌溉总面积超过 7 500 万亩，占农田总面积的 50％。农田水利建设是我国实施"农业强"战略的必然要求，这是由水资源的分布不均以及全年降水量极度不均匀的现状决定的。

加强以农田水利建设为主的农业基础设施建设是实施乡村振兴战略的必然要求。水是生命之源，农业的振兴和发展离不开水资源的保障。此外，农产品流通体系和流通设施的建设，是农产品走出土地、走向市场的有力保障；商品粮棉生产基地建设是保证我国主要农产品产量、质量的坚实基础，是保证国计民生安全的需要；农业教育、科研与技术推广等是农业持续发展、高质量发展的有力支撑；农业气象基础设施建设能够为农业发展提供保障，引导农业生产趋利避害，保障农民利益。

（三）加强农业机械推广应用

科学技术是第一生产力，农业科学技术的研发和利用是农业实现腾飞的翅膀。传统的以人力为主的生产模式早已不适应现代农业发展的要求，生产效率低，生产消耗大。农业的发展必须向科学技术要效益，凭科学技术谋取发展。农业科技的发展和应用，应当涵盖农业生产的各个环节。就一般意义的农业生产而言，农业机械的应用和发展，是提高生产效率，促进农业升级和发展的关键因素，是把农村劳动力从土地束缚中解放出来，从事其他生产经营的基础。

首先，应当加强大中型农业机械的推广应用。目前，我国农村地区大型农业机械的推广应用范围日益扩大，极大地提高了农业生产效率，节约了人力成本，促进生产水平提高。今后，要加强大中型农业机械推广应用的力度，凡是具备作业条件的生产区域，都应当通过提高服务质量、降低服务成本、高效优质保障等举措，推动大型农业机械的应用。

其次，必须加强小微型农业机械的推广应用。我国的地形复杂多变，多丘陵，多山地，农业耕作环境较为多样，尤其是山地农业的发展，几乎全部依靠人力、畜力；甚至部分偏远山区全部依靠人力进行耕作。这种耕作方式生产效率低下，牢牢地把农民束缚在土地上。究其原因，一方面是农业生产投入较大，对于贫困地区来讲，农业机械资金保障不足；另一方面是地形高低起伏不平，导致大中型农业机械无法进场作业。小微型农业机械则因其小巧、成本低、操作简便、作业环境要求不高而得到诸多农民朋友的肯定和喜爱。因此，农业科技发展应当立足农业生产的现实需要，加强小微型农业机械的研发、生产、应用。

（四）加快优质种子推广应用

"农业强"战略目标实现的另一个重要保障就是农业科技的推广应用。高科技农业是世界农业发展的潮流，是在耕地面积有限的情况下实现粮食丰产、保障粮食供给的重要支撑，是实现保障我国粮食安全、解决群众吃饭问题的必要选择。

近年来，我国的科研院校研发出诸多粮食种子升级换代产品。如袁隆平教授带领他的科研团队研发选育出的系列水稻新品种，大大地促进了水稻产量的提升。此外还有许多小麦新品种、玉米新品种等，都将是我国粮食生产发展的重要保障。但是，现在的优质粮食新品种的推广应用情况并不理想，很多新品种还停留在实验室里，这就失去了新品种研发的意义和价值。

政府和职能部门应当为新品种的推广应用提供政策支持。政府可以出台托底政策，在推广应用新品种的过程中，先小规模种植，给种植户提供资金保障，检验从实验室到田间地头，新品种的生产效益。同时加强宣传，让种植户充分了解新品种的优良品质、未来效益等，消除种植户的顾虑和担心。种植户也应当充分信任政府，大胆尝试，选择优质品种，走科技兴农、科技富农的现代农业发展之路。

（五）加快农业产业升级调整

传统农业生产解决的是中国人民的温饱问题，为工业生产提供生产资料，为国家粮食安全提供坚实保障基础。现代农业的发展需要转变思路，改变传统耕作结构、生产模式，发展多元化、多样化、多层化的现代农业产业结构。

首先，就农业耕作来讲，应当发展多元化种植模式。一般情况下，农村耕作以粮食作物为主，多种植本地主要农作物。在新的发展理念下，应当结合耕地资源情况，在粮食作物、经济作物、花果苗木等中间选择最适合本地种植、生产、经营的品种，实现土地产出利益最大化。

其次，就林业、牧业、渔业来讲，要根据本地实际和市场环境选择和调整。退耕还林也好，退耕还草也好，或者土地复耕也好，都应当以实际需要为根本考量，不能盲目地一刀切，也不能跟风，需要结合地域特点，综合考虑，选择适合本地发展需求，具有广阔前景的主产业。

最后，根据实际发展农产品深加工产业，提高农业产品附加值。农产品作为初级产品，附加值低，效益不够明显。但是深加工、精加工后的农产品却可以摇身一变，成为高附加值的商品。从提高农业产值和农民直接收入而言，农产品深加工将是未来农业产业结构升级的一个有效选择。

第二节　生态保护农村美

改善农村人居环境，建设美丽宜居乡村，是乡村振兴战略的重要内容。2018年中央1号文件对美丽宜居乡村建设提出了明确的要求和目标。乡村振兴战略的实施，使农村的基础设施实现升级，农村人口居住环境得到彻底改善，农村生态实现人与自然和谐相处，乡村成为人人向往的生活、休闲、观光场所。

一、坚持以习近平生态文明思想为指导

生态兴则文明兴，生态衰则文明衰。习近平总书记历来关注生态环境建设，自党的十八大以来，党中央把生态文明建设纳入国家"五位一体"① 建设战略格局中，并就生态文明建设展开部署。

习近平生态文明思想在实践中形成，在长期的乡村工作和调研中形成，具有的深厚的社会基础。习近平生态文明思想，强调在经济社会发展中不能以牺牲自然环境、生态资源为代价，发展必须坚持绿色发展，始终坚持人与自然和谐共生，始终注重保护生态环境，建设美丽中国。习近平总书记在 2018 年 5 月的全国生态环境保护大会的讲话中指出，要自觉把经济社会发展同生态文明建设统筹起来……加大力度推进生态文明建设、解决生态环境问题，坚决打好污染防治攻坚战，推动我国生态文明建设迈上新台阶。习近平生态文明思想是建设美丽中国的根本指导思想，同时也是美丽乡村建设的根本指导思想。乡村振兴战略谋划的农村美战略目标，必须以习近平生态文明思想为指导，把农业发展、农村产业结构调整升级同生态环境整治和建设结合起来，在实现农业发展目标的同时，推进美丽乡村建设。

二、加强农村人居环境基础设施建设

长期以来，农村基础设施建设比较落后，完全不能满足农村居民的生活需求；即使在经济发展水平有了很大提升、生活条件大大改善的情况下，农村地区的基础社会建设也难以真正满足农村群众的基本的美好生活需求。比如文化设施建设，比如体育健身器材，比如医疗卫生保障，比如学前教育等，这些都是农村居民生活需求的基本内容，但长期以来难以得到满足。近年来，在新农村建设的

---

① 党的十八大提出"五位一体"建设，即在新时期要统筹推进经济建设、政治建设、文化建设、社会建设、生态文明建设五位一体的布局。

推动下，乡村地区也开始建设、完善一些基础设施，但这些基础设施因其与农村居民生活需求有一定的差距而未能发挥其作用。以已经建设的乡村篮球场为例，大都未能发挥其作用。因为会打篮球的年轻人大多数都外出务工或者在城里居住，留守的老人和儿童压根儿不会打篮球，这种情况下，篮球场成了晾晒场、停车场，篮球架成了晾衣架，造成资金浪费不少，也挤占了本就不富裕的村民生活空间。这种情况下，农村环境美的目标就难以实现了。

"农村美"战略目标，要求在规划农村建设和发展的时候，需要以农村居民实际生活需求为导向，规划好、建设好农村的基础设施建设，不能按照一种模式建设。因地制宜是最基本的要求。

因地制宜，需要统筹安排好美丽乡村建设的方方面面。由于我国农村地区受到传统文化、传统习俗的影响较大，保留了诸多风俗人情、生活习惯，对于很多新生事物并不能充分地认识和接受，也不能一下子就适应。而且，每个地区，甚至每个村落保留的传统、保留的习俗、形成的习惯，都有很大的差异。在规划美丽乡村建设的时候，必须考虑到各地各村的实际情况，不要"好心办坏事"。

三、加强农村居民居住环境整治修复

生于斯、长于斯的农村，环境有好有坏，这主要是农村人口环境意识不强、人畜家禽混居等原因造成的，这就导致大家看到的村落里环境的脏乱差的情况，不够整洁有序。这种情形下，乡村人居环境不够理想也就在所难免。因此，农村美战略目标的实现需要从改善农村居民最基本、最主要的人居环境入手，加快进行农村居民居住环境的整治修复。

说到农村人居环境修复，就必须要讲到"厕所革命"。厕所革命最先是由联合国儿童基金会提出的，旨在通过对发展中国家的厕所进行改造，以改善这些国家的卫生状况和健康、环境状况。"厕所革命"的提出对于中国人尤其是中国农村来讲，具有特别重要的意义。在农村，绝大多数的情况下，厕所承担着积攒农家肥的功能，露天、难闻、肮脏是它的基本特征；到了夏季，则是蚊蝇滋生的地方。可以说，一个厕所就是一个污染源，极大地破坏了农村的环境。但是，这种情况在农村又是普遍存在且大家习以为常的，因为祖祖辈辈都是在这样的环境中生活的。因此，习近平总书记十分关注厕所改造尤其是农村的厕所改造问题，多次强调厕所革命是事关民生的大事，"小厕所、大民生"，改善农村人居环境，首先就应当从最典型、最顽固的厕所问题抓起。"厕所变了样，生活大不同"。厕所问题解决了，农村美的战略目标也就实现了一半了。

修复农村人居环境还要解决好牲畜入圈的问题。在农村，家禽牲畜散养是普遍的现象。"鸡犬相闻"在农村是常见的生活图景，但也不可避免地带来环境污染的问题。这些问题几乎是每一个有过农村生活经历的人都亲身体会过的。农村居住环境的整治是肯定要解决"家禽牲畜满村走、牲畜粪便遍地拉"这一痼疾的，否则农村美的目标就难以实现。

当农村存在的最顽固的环境污染问题解决之后，当人们的生活习惯得到改变之后，当大家的生活理念和生活追求产生根本变化的时候，以改善农村生态为根本内容的美丽乡村建设就能够取得成功，就能够实现美丽乡村建设"宜居"目标。

四、加快农村地区生态环境建设步伐

曾经的乡村，山清水秀，天蓝水绿，鸟儿鸣，鱼虾肥。然而随着农村生产观念的逐渐转变，以乡镇企业为代表的农村产业的初步调整，导致许多农村地区的河流、湖泊、土壤受到不同程度的污染，早已不复原有的美丽面貌。以河流为例，由于沿岸工厂乱排、沿岸村庄乱倒等不良行为，河流的水质普遍受到影响。曾经清澈见底、鱼虾成群的河流变得污浊不堪，鱼虾难寻。此外，焚烧秸秆与秸秆还田的矛盾还是未能得到有效的解决；因为化肥、农药的普遍、大量使用，导致耕地土质受损并影响农产品安全；此外，农村生活垃圾随处倾倒破坏环境等，这些问题在农村地区都不同程度地存在，直接导致破坏了农村的生态环境。

农村美的战略目标势必要求对这些问题进行回应并妥善进行

解决。

近几年，农村生态修复和建设工作做得还是颇有成效的。这得益于中央的重视和统筹规划，地方政府的大力执行。现在，农村水资源的保护和利用已经得到高度的重视，正在逐步推进保护性开发，真正实现"一方水土养一方人"。农村地区也在开始大规模发展生态农业、有机农业，不仅能够提高生产效益，同时也能够修复农业生态，保护环境。此外，现在大多数农村地区都以村庄为单位修建有垃圾集中处理区域，较为有效地解决了农村生活垃圾"围村"的问题。而且，随着人们住房条件的改善，农民逐渐"上楼"，也在逐渐改变一些不健康的生活习惯，不同程度地改善了农村的生态环境。总而言之，从生态安全和生态需求两个方面看，农村生态环境有了极大的改善。

农村生态环境修复建设，还应当转变思路，培育和发展乡村旅游、生态旅游、休闲旅游、观光旅游、田野体验旅游等多种新型休闲生活模式，开发建设农村生态资源，促进生态环境建设，不断增强农村地区的吸引力，凝聚力，实现美丽乡村建设"宜业、宜游"的目标。

第三节　政策扶持农民富

小康不小康，关键看老乡。在小康社会建设目标实现过程中，农村地区的小康建设水平是关键环节，只有广大农村地区尤其是偏远、贫困地区的老乡真正脱贫致富，生活水平达到小康水平，才算是真正实现了小康社会的建设目标。

小康是一种生活水平。在古代，小康指的是生活比较安定。在儒家的思想理论体系中，社会秩序安定有序，社会关系稳定和谐，社会制度稳固有效，整个社会礼仪的规范和约束下呈现出一番盛世景象，就是小康。在宋代洪迈的思想中，小康强调家庭经济比较宽裕，不再困于生计。

可以说，关于"小康"一词，从不同的角度有不同的理解。那么，中国共产党领导中国人民全面建成小康社会宏伟目标的小康，该如何理解和认识呢？中国共产党第十六次全国代表大会对这个问题做出了回答。2002 年 11 月 8 日，党的十六大召开。江泽民总书记在《全面建设小康社会，开创中国特色社会主义事业新局面》的大会报告中对"小康"的理解是：人民安居乐业，家庭经济生活富足。

由此来看，小康的一个重要指标就是生活富足，解决温饱问题只是最基本的要求，最关键的是从温饱型生活向富足型生活迈进，这就要求我们在"吃饱穿暖"问题彻底解决之后，要不断推动生活水平的全面提高，因此，"农民富"就成为乡村振兴战略中的重要战略目标。

一、精准扶贫促发展

2013 年 11 月，习近平总书记在湖南湘西考察时对扶贫工作做出新的指示，特别指出要"实事求是、因地制宜、分类指导、精准扶贫"。这是习近平总书记首次提出精准扶贫思想。

精准扶贫是相对于粗放式扶贫的新提法。从 20 世纪 80 年代开始的扶贫开发工作，取得了极大的成就，但这种扶贫却是粗放式扶贫，由于制度设计的缺陷，导致在扶贫工作中政府对贫困居民数量掌握不够准确，扶贫对象的确定多由基层干部"估测"而来，国家拨付的扶贫资金"天女散花"般"见者有份"。这种粗放式扶贫直接导致"年年扶贫年年贫"，甚至还出现了人情扶贫、关系扶贫等腐败现象，造成应扶未扶等社会不公，加剧了社会矛盾，造成社会不稳定。精准扶贫就是为了解决这些问题而提出的新的扶贫指导思想，即指针对不同贫困区域环境、不同贫困农户状况，运用科学有效程序对扶贫对象实施精确识别、精确帮扶、精确管理的扶贫、治贫，通俗来说，就是"谁贫困就扶持谁"。

精准扶贫政策是促进农民致富和发展的有效途径。无论什么原因，几千万的贫困人口绝对不愿意紧巴巴地过苦日子，也不会甘于苦哈哈地过穷日子。之所以生活陷入穷困状态，是有多方面原因的，对于农村的贫困户来说，既有外在的因素（如土地贫瘠、生产落后、缺少有效致富途径等），也有内在的原因（因病致贫、因病返贫、能力缺乏等），内外交困的情况下，生活状况不尽如人意也就不难想象。精准扶贫政策的实施，则是针对那些贫困户的具体情况，精准定位到个人，分析原因，查找对策，一人一方案，一人一措施，实现扶贫与扶智、扶志相结合，在政府的帮扶下，让贫困户有致富之路，让贫困人口有致富之策，通过输血和造血相结合，实现致富，实现发展。

二、立足自身谋发展

在几千万的贫困人口中，绝大多数都存在于农村。其中原因是多方面的，但最根本的因素仍然取决于贫困户自身。外来的帮扶只是暂时的，只要自己想脱贫、要脱贫，就必然会想方设法寻求合适的发家致富之路；只要自己想致富、要致富，就必然会竭尽全力谋求致富之策，并通过自身劳动实现致富的目标。

应当明确，党中央和政府部署实施的精准扶贫举措，只是为贫困人口提供外来的助力，脱贫致富最终还要依靠贫困人口自身。对于贫困人口而言，一定要彻底摆脱穷人思维、贫穷是没有办法的事情等不良思维，要相信靠自己的双手、靠自己的劳动、靠自己的聪明才智，同样可以致富。

首先，要从思想上脱贫。无论是什么原因导致的贫困，都不能就此一蹶不振，应当坚决认识到，自己必须要"过上好日子"。每个人、每个家庭都有自己的实际情况，致贫的原因各不相同，但对富裕生活的追求应当是一致的，对美好生活的期待是一致的，只要有坚定的信心，就一定能够通过自己劳动实现增收，实现致富，实现过上好日子的目标。

其次，要立足于自身的努力。无论党和政府提供如何的支持，给予怎样的帮扶，最终还是要依靠自身的努力和行动。俗话说"人勤地不懒"，只要坚持通过自身的劳动，用自己的双手创造美好生活，致富就必然会实现。

再次，要坚决去除依赖心理。"流自己的汗，吃自己的饭，自己的事情自己干，靠天、靠地、靠祖宗，不算是好汉。"古人都知道，人生在世，靠自己才是正道。不可否认，有些贫困户之所以"年年扶贫年年贫"，根本原因就在于他们利用国家的扶贫富民政策，吃惯了救济，用惯了救助，不劳而获，衣服有捐助，粮食有供给，即使不劳动，也不用担心饿肚子、不用担心没衣服穿。就这样形成了懒汉思想，并进而真的成为懒汉。虽然说贫穷不可耻，但因懒惰而导致贫困交加，也绝对不是光彩的事情。因此，贫困户要坚决去除依赖心理，要立志通过自己的双手，流自己的汗，吃自己的饭。

最后，要积极探索发家致富的路子。"小成靠勤，中成需智"。勤劳只是致富的一方面，另外更重要的是要思考，探索适合自身的致富路子。对于农村的贫困户来讲，致富的最大阻力或许是没有一技之长，只有一把子力气。但现在，力气也是资本。因此，只要头脑活，只要能够打开思路，就不难开拓出一条适合自己的致富路子。贫困户不能说自己只会种地，除了种地啥也不会。种好庄稼、多打粮食也是能力；此外还可以种植一些经济作物，增加收入；还可以利用农闲时节，走出去打零工，也能有额外的收入；若是敢于走出家乡，实行劳务输出，也是不错的选择。在此过程中，若是能学到技术、掌握一些技能，就有了安身立命的资本。若是思路再打开一些、脑子再活泛一些、胆子再大一些，打造一个休闲农庄，吸引游客进行观光采摘、农家乐等，就等于是打开了富裕生活的大门了！

三、多种路子大发展

拓宽农民增收渠道，让农民在乡村振兴战略实施中，通过自身劳动，感受到实实在在的钱袋子鼓起来，日子富起来，是"农民富"战略目标的具体要求。

首先，要坚持农业致富的根本。我们常说土地是农民的命根子。以土地为基础的农业生产是农民安身立命的根本。所以，农民增收致富，还是要围绕土地做文章，向土地要效益，让土地生金。

现在，各地都在根据本地的实际情况发展生态农业、休闲农业、精品农业、体验农业等多种农业经营模式，毕竟在土地上，农民才最有底气。因此，农民勤劳致富还是要抓住农业这个根本，实现增收致富。

其次，要转变思路，发展农村经济新形态。现在，各地农业发展开始走多样化经营的路子，但对于部分文化水平不高，对新生事物认可度、接受度不高的农民来讲，还是有难度的。对此，基层政府应当通过示范引导，通过成功案例的典型带动，消除他们的顾虑，鼓励这些人大胆尝试，发展"互联网＋"农业，扩大农产品销售渠道；发展合作社农业种植与经营，借助集体的力量实现致富；发展订单农业、基地农业，提升农产品品质，增强农产品的市场竞争力。所以，有思路才有出路，转变思路将会极大地促进农民增收。

最后，要大胆实行劳动力转移就业。农业致富是根本，劳动力转移就业是保障。对于农民来讲，能够"像城里人那样拿工资"是期待已久的，劳动力转移就业则是其实现的最佳方式。随着机械化作业、现代农业科技的发展，农村的剩余劳动力越来越多。剩余劳动力应该积极跳出村庄，向外转移，在多种就业模式下实现增收。无论是在家门口创业、就业，还是走进城市务工，都会大力促进农民增收。国家统计局的统计数据显示，2018 年的农民工有 28 836万人，其中外出农民工 17 266 万人，本地农民工 11 570 万人。更可喜的一个数字是 2018 年农民工月均收入 3 721 元，年可支配收入为 44 652 元，在全国平均可支配收入比例中属于中等偏上的水平。这对习惯于"土里刨食"的农民来讲，无疑是一笔可观的收入。因此，促进越来越多的劳动力转移就业，在国家政策支持和保障下，将会极大促进"农民富"目标的实现。

四、政府支持不断线

小河有水大河满。只有农民富了，国家才能富起来。只有农民的小康目标实现了，国家全面建成小康社会的目标才能真正实现。要让农民富起来，好的政策是必不可少的。政府的富民政策是农民发家致富的保证，政府支持也是农民富裕生活的有力保障。"农民富"战略目标的实现，要求政府的富民政策和帮扶一直坚持下去，不能朝令夕改，出现断线。

当然，政府的政策支持和保障，包括政府的帮扶，要注重引导贫困户的造血能力而非一味地输血，要通过政策支持引导贫困户走自强自立之路。无论是全面建成小康社会的目标也好，还是实施乡村振兴战略也好，或者是实施精准扶贫政策也好，对于政府来讲，这是一项长期的、需要常抓不懈的工作，不仅需要根据变化了社会实际适时调整政策，更重要的是，要通过持续的政策供给为农民增收致富保驾护航。

在政策实施中，有些地方往往是机械地执行上级的决策部署，忽视了农民生产生活的实际，导致政策执行走形变样，难以真正发挥作用，这就失去了政策制定的初衷。对此，要防止在政策执行中的"一刀切"现象。

比如这几年国家整治农村"大棚房"的问题，无疑是必要的，也是必须的，这是保证国家富民支农政策正确执行实施的必然要求，但是有些地方在整治"大棚房"问题的时候，简单理解，不调查，不了解，不研究，对辖区内所有的大棚设施一禁了之，或者一纸通知拆除了之。违法违规的大棚房肯定是要拆除惩治的，但是对那些合法投资、合法经营的投资者、农户来讲，就会伤害，权益无法保证。国家对于大棚房的整治有明确的要求和标准，那么，地方政府在执行的就应当严格按照要求实施，不能随意扩大范围，也不能坐视不理。

还以农业大棚为例，这是现代农业发展的一种模式，很多经济作物、蔬菜、果树、花卉，都离不开大棚。倘若是一禁了之，不仅不利于农业产业调整，不利于发展多种经营模式，同时也会阻碍农民增收致富。所以，大棚房固然要坚决彻底整治，以生产为基础的大棚是不能禁、不能拆的。

所以，政府的政策支持要源源不断地供给，同时要保证政策落地，坚决予以贯彻执行，实现国家的建设目标。

第三章

乡村振兴战略规划指标

党中央始终特别关心"三农"问题，一直强调"三农"问题是关系国计民生的根本性问题，指出要始终把解决好"三农"问题作为全党工作的重中之重。在 2017 年党的十九大报告中，提出实施乡村振兴战略，并提出了"产业兴旺、生态宜居、乡风文明、治理有效、生活富裕"的总要求。

2018 年 9 月，党中央、国务院印发《乡村振兴战略规划（2018—2022 年）》，对产业兴旺、生态宜居、乡风文明、治理有效、生活富裕五个方面的要求进行了细化明确（图 3 - 1）。这是实施乡村振兴战略的根本指导。

分类	序号	主要指标	单位	2016 年基期值	2020 年目标值	2022 年目标值	2022 年比 2016 年增加〔累计提高百分点〕	属性
产业兴旺	1	粮食综合生产能力	亿吨	＞6	＞6	＞6	—	约束性
	2	农业科技进步贡献率	％	56.7	60	61.5	〔4.8〕	预期性
	3	农业劳动生产率	万元/人	3.1	4.7	5.5	2.4	预期性
	4	农产品加工产值与农业总产值比	—	2.2	2.4	2.5	0.3	预期性
	5	休闲农业和乡村旅游接待人次	亿人次	21	28	32	11	预期性

（续）

分类	序号	主要指标	单位	2016 年基期值	2020 年目标值	2022 年目标值	2022 年比2016 年增加〔累计提高百分点〕	属性
生态宜居	6	畜禽粪污综合利用率	%	60	75	78	〔18〕	约束性
	7	村庄绿化覆盖率	%	20	30	32	〔12〕	预期性
	8	对生活垃圾进行处理的村占比	%	65	90	＞90	〔＞25〕	预期性
	9	农村卫生厕所普及率	%	80.3	85	＞85	〔＞4.7〕	预期性
乡风文明	10	村综合性文化服务中心覆盖率	%	—	95	98		预期性
	11	县级及以上文明村和乡镇占比	%	21.2	50	＞50	〔＞28.8〕	预期性
	12	农村义务教育学校专任教师本科以上学历比例	%	55.9	65	68	〔12.1〕	预期性
	13	农村居民教育文化娱乐支出占比	%	10.6	12.6	13.6	〔3〕	预期性
治理有效	14	村庄规划管理覆盖率	%		80	90	—	预期性
	15	建有综合服务站的村占比	%	14.3	50	53	〔38.7〕	预期性
	16	村党组织书记兼任村委会主任的村占比	%	30	35	50	〔20〕	预期性
	17	有村规民约的村占比	%	98	100	100	〔2〕	预期性
	18	集体经济强村比重	%	5.3	8	9	〔3.7〕	预期性
生活富裕	19	农村居民恩格尔系数	%	32.2	30.2	29.2	〔−3〕	预期性
	20	城乡居民收入比	—	2.72	2.69	2.67	−0.05	预期性
	21	农村自来水普及率	%	79	83	85	〔6〕	预期性
	22	具备条件的建制村通硬化路比例	%	96.7	100	100	〔3.3〕	约束性

图 3-1 乡村振兴战略规划主要指标

注：图片来源于国务院网站《乡村振兴战略规划（2018—2022 年)》。

第一节　产业兴旺

党的十九大报告把产业兴旺放在实施乡村振兴战略总要求的第一位，表明了产业兴旺在乡村振兴战略中的地位。无论是从党中央、政府的战略举措来看，还是从学者们的理解来看，产业兴旺作为乡村振兴战略首要任务的地位、作为乡村振兴的基础和保障性地位，基本形成了共识。

那么何谓产业兴旺？

产业兴旺主要是指农业产业的兴旺，主要是指乡村多元经济相互渗透、融合、发展的一种状态，具有产业构成的多样性、产业内容的综合性、产业要素的整体性等特征。[①] 由此来看，产业兴旺作为农业发展的一种状态，需要实现农业结构的改革与升级，以农业发展、农村振兴为目标，不断推进农业产业的升级，持续提高农业的综合效益和竞争力。

一、产业兴旺目标解读

《乡村振兴战略（2018—2022）》对"产业兴旺"目标进行了细化，主要包括五个方面的内容。

（一）粮食综合生产能力保持稳定

从根本上来说，农业安全是国家安全的基础，而粮食安全又是农业安全的基础。粮食安全除了强调粮食生产满足基本的"吃饱饭"的要求外，更要保证国家在世界粮食市场上的话语权。这就要求粮食综合生产能力保持稳定。

粮食综合生产能力指一定时期内在某一地区，在一定的经济技术条件下，由各生产要素综合投入所形成的，可以稳定地达到一定产量的粮食产出能力，主要包括耕地保护能力、生产技术水平、政策保障能力、科技服务能力和抵御自然灾害能力。这是农业生产和

---

① 朱启臻.产业兴旺的含义[J].北京农村经济，2018（5）.

发展的基础性要素。

从乡村振兴战略规划主要指标来看，我国的粮食综合生产能力要求保持稳定，保持在 6 亿吨以上，这应该是多方面核算考量所划定的指标。

从国家统计局的公告来看，2016 年全国粮食总产量达到6.162 4 亿吨。2016 年粮食种植面积中，小麦种植面积为 2 419 万公顷，比上一年增加 5 万公顷；稻谷种植面积为 3 016 万公顷，比上一年减少 5 万公顷；玉米种植面积为 3 676 万公顷，比上一年减少 136 万公顷；此外，棉花、油料等作物种植面积有减有增。在这种情况下，虽然受到气候变化的影响，我国的粮食仍然实现了丰收。这表明我国的粮食综合生产能力已经比较稳定，这得益于农业科技的发展和应用，得益于农业生产技术的成熟。

2017 年，我国粮食生产继续实现丰收。全年粮食总产量达到6.179 1 亿吨，比 2016 年增加 166 万吨。需要指出，2017 年粮食种植面积比 2016 年减少 81 万公顷。

2018 年，我国粮食生产继续保持稳定，全年粮食总产量达到6.578 9 亿吨，比 2017 年减少 371 万吨，粮食种植面积减少 95 万公顷。[①]

从这三年的粮食总产量来看，在现有耕地面积、农业生产技术水平和能力、农业科技发展水平、自然气候条件等多种因素综合作用下，我国的粮食综合生产能力已经保持在一个稳定的水平。因此，乡村振兴战略确定产业兴旺目标的过程中，确定了"6 亿吨"生产指标。这是一个约束性指标，这意味着在乡村振兴战略实施过程中，要保持粮食综合生产能力的稳定，要调动一切积极因素稳定和发展农业生产，年度粮食总产量不得低于 6 亿吨。

---

① 以上各组数据均来源于国家统计局的年度统计报告，2018 年的数字与 2017 的数字有一定的出入。国家统计局在说明中特别指出：农、牧、渔业等历史数据根据第三次全国农业普查结果进行了修订；2017 年部分产品产量数据进行了核实调整，2018 年产量增速按调整后的可比口径计算。

（二）农业科技进步贡献率保持稳定

农业科技进步贡献率是指农业科技进步对农业总产值增长率的贡献份额。农业农村部、中国农业科学院等单位联合发布的《中国农业农村科技发展报告（2012—2017）》显示，2016年农业科技进步贡献率为56.7%，2017年农业科技进步贡献率增长到了57.5%。

2019年1月21日，科技部印发《创新驱动乡村振兴发展专项规划（2018—2022年）》，指出到2022年，农业科技进步贡献率要达到61.5%以上。这是基于这几年科技不断进步和科技不断加大对农业发展支持所明确的目标。这是一个预期性指标。

科技对于农业发展的促进和推动作用有目共睹。我国粮食产量能够在种植面积减少、遭受自然灾害的情况下保持稳定，是与农业科技的发展和应用分不开的。《中国农业农村科技发展报告（2012—2017）》显示，目前我国主要农作物良种基本实现全覆盖，自主选育品种种植面积达到95%。

（三）农业劳动生产率保持稳步提升

农业劳动生产率是指平均每个农业劳动力创造的农林牧渔业增加值。

根据农业农村部公布的数字，2016年我国农业劳动力平均创造的农林牧渔业增加值为30 480元；根据《全国农业现代化规划（2016—2020年）》确定的目标，到2020年，劳均农林牧渔业增加值要超过4.7万元。按照这样的增长速度，到2022年，随着乡村振兴战略的实施，农业劳动生产率至少达到5.5万元/人。这一指标也是预期性指标。

对比国外的农业劳动生产率指标，我国农业发展还有巨大的潜力和发展空间（韩国在1995年这一指标为49 574元）。乡村振兴战略提出的产业兴旺的要求，是立足于我国农业发展实际和潜力做出的。随着乡村振兴战略的实施，必然可以达到甚至超越这一要求。

（四）农产品加工产值与农业总产值比逐渐增长

农产品加工是农产品由生产领域进入消费领域的一个重要环

节，是提升农产品产值的重要途径，能够使农产品得到综合利用，增加农产品价值，提高农民收入。

农产品加工产值与农业总产值之比是反映和衡量一个国家农业加工水平的国际通用指标。根据《全国农产品加工业与农村一二三产业融合发展规划（2016—2020年）》确定的目标，未来农产品加工业要实现快速发展，成为农村产业融合的重要力量。虽然农业农村不断发展，但在国际市场压力下，农业总产值的增长受到很大制约。因此党中央、国务院提出加快农业转型升级和结构调整的战略，农产品加工业的发展是其中重要的内容。

2016年，我国农产品加工产值是农业总产值的2.2倍，超过20万亿元。但与发达国家相比，无论农产品加工业规模以上企业数量，还是农产品加工总产值，都存在明显的差距（美国大约是我国的4倍）。我国要发展现代农业，实现农业的现代化，就必须不断提高农业综合生产能力，推行农业标准化生产；同时要加快改造传统农业，大力发展农产品深加工产业，以实现乡村振兴战略所提出的到2022年，农产品加工产值要2.5倍于农业总产值，达到30万亿元的目标。这也是一个预期性指标。

（五）休闲农业和乡村旅游接待人次逐年提升

休闲农业和乡村旅游是新型农业产业，被认为是全球性的"朝阳产业"，在我国发展迅速，已经成为农民增收、农业振兴、农村发展一个突破口。近年来，各地因地制宜发展休闲农业和乡村旅游，产业规模不断扩大、业态类型不断增多、产业内涵不断拓展、农民收入不断增加，取得了积极的成效。随着消费结构的快速升级、乡村振兴战略的深入实施、供给侧结构性改革的纵深推进，休闲农业和乡村旅游发展面临难得的历史机遇。2015年全国年接待人数达22亿人次，经营收入达4 400亿元；2016年，全国年接待人数达到24亿人次，经营收入达到5 700亿元；2017年，全国年接待人数已经达到28亿人次，经营收入达到7 400亿元。[1] 2018

---

[1] 数据来源：中国社会科学院、中商产业研究院公报。

年，全国年接待人数超过 30 亿人次，经营收入达到 8 000 亿元。①

从乡村振兴战略提出的要求来看，设定的 2020 年接待 28 亿人次的目标，在 2017 年就已经达到，到 2018 年已经超额完成。到 2022 年的年接待量超过 32 亿人次的目标也必然会提前超额完成。

那么现在要做的重要工作，就是在乡村振兴战略实施中，不断提升休闲农业和乡村旅游的品质，结合地域特色，不断挖掘和发挥乡村资源、生态和文化优势，大力发展适应城乡居民需要的休闲旅游、餐饮民宿、文化体验、健康养生、养老服务等产业，促使休闲农业和乡村旅游向精品引领、管理规范、设施完善、业态丰富的高质量发展。

二、产业兴旺的衡量标准

产业是否兴旺，没有绝对的标准。产业兴旺程度如何，一是要与过去比，看我国农业产业与过去相比是否取得了进步，是否实现了更大的发展。如果答案是肯定的，那产业兴旺的要求就达到了。二是要与其他国家尤其是发达国家比，如果通过努力和发展，与发达国家的差距越来越小甚至赶超了发达国家的水平，那么也是达到了产业兴旺的要求了。

（一）生产能力强

产业兴旺，农业生产能力是第一位的衡量指标。生产能力是农业生产发展和产业振兴的保证。长期以来，我国的农业生产能力受到诸多限制、未能充分展现其突出性的作用。这意味着我国的农业生产能力潜力大。实施乡村振兴战略就是要充分挖掘并发挥农业生产潜力，确保在农业生产形势比较严峻的情况下，依然能够保证粮食总产量稳定在 6 亿吨以上，保证农产品加工产值稳步提升，保证国家的粮食安全、农业安全。

（二）单产水平高

我国一直强调稳住 18 亿亩耕地红线不动摇，同时保证 15 亿亩

---

① 数据来源：2019 年中国美丽乡村休闲旅游推介会公报。

的永久基本农田面积。换句话讲，我国的耕地面积有限，而人口在增加，农业向工业提供资源保障任务重。在耕地面积不变的情况下，完成粮食生产目标和任务，就必须提高粮食生产平均亩产量，确保农业单产水平不断提高。袁隆平院士发明的杂交水稻技术，使水稻产量提高了 20%，平均亩产量由 350 千克增长到 400 千克，仅增产的部分就可以每年解决 7 000 万人的吃饭问题。玉米育种专家李登海培育的高产玉米种子在全国推广，实现玉米增产 1 000 多亿千克，效益增加 1 000 多亿元。所以，在耕地面积总量有限的情况下，单产水平高，意味着粮食总产量高，意味着农业总产值高。

（三）产品质量好

俗话说"一分价钱一分货"。高品质的农产品市场竞争力肯定要比普通产品高。随着人民群众对高品质生活的追求，农产品和农业加工产品的品质也成为人民群众消费选择时的重要参考。虽然对于产品质量的好或者不好，很难有一个标准来确定，但基本上来说，群众总是从好吃、好看、营养好的角度来理解。这就是为什么这几年绿色食品、有机食品这么有市场的原因。这也提醒农户，实现产业兴旺来不得半点儿虚假，必须严格按照产品质量标准和要求进行生产，以品质赢得口碑，以品质赢得市场。

（四）生产效率高

以前之所以说农业生产辛苦，主要在于生产效率太低，主要依靠人力，辅之以畜力。一年到头，劳动力都要在田地里辛苦劳作，而收成、收入都不够理想，随之而来的是农业的吸引力、凝聚力下降。要改变这种状况，必须提升农业生产效率，根本路子在于提高农业机械化水平。农业机械的应用能够极大地解放劳动力、提高劳动生产效率。随着经济水平的提升和科技的发展，农业机械化水平得到了极大改善，但在一些地形条件不理想、生产环境较为恶劣的地方，还仍然是以人力畜力为主的。这在产业兴旺目标实现过程中需要着力解决。

（五）生态保护好

绿水青山就是金山银山，任何时候任何发展都不能以牺牲环境、破坏生态为代价。农村生态环境是农业产业高质量发展的保障，只有把生态环境保护好，农业发展才能可持续、才能优质高效。以前在产业发展过程中，不重视生态环境保护，结果水里没了鱼，林里没了鸟，农产品的质量也没有办法保证，甚至连基本的粮食安全都受到冲击。到现在乡村振兴战略实施时，不得不一边进行生态环境修复，一边实施农业发展。这就是为以前的鲁莽行为所付出的代价。所以衡量产业兴旺、促进产业兴旺，一定要注重保护生态环境，为农业产业可持续发展、高品质发展提供保障。

三、产业兴旺的实践路径

不同的地区有不同的发展基础，有不同的发展资源，有不同的发展定位，有不同的发展目标。这就决定了没有一个统一模式或者固定的路径普遍适用于所有的地区，但基本上包括以下这些方面。[①]

（一）立足市场

农业产业的发展应当以市场为导向，农业产业经营和生产，都应当符合市场需求。这是农业农村经济发展的指针，也是农民增收的基础。目前，农村经济面临的突出问题是产业大而不强，产品多而不优。不强、不优的农产品和农业加工产品缺乏市场竞争力，无法实现农业产值提升的目标。

因此，立足市场，优化农业产业结构、产品结构，是不断扩大有效产品供给，持续减少无效产品供给，是实现产业兴旺目标的需要。

首先，农产品应当突出本地特色。我国农业产品的一个矛盾是产品同质化问题突出。你也有，我也有，同质化的产品一起涌入市场，结果只能是两败俱伤。解决这个问题，需要转变思路，贴合市场需要，大力发展本地特色农产品，做到"人无我有"。

其次，农产品应当具有优良品质。在更高层次生活追求驱动

---

① 陈珏颖，刘合光.实现产业兴旺应从五个方面发力[N].农民日报，2018-05-12.

下，人们愈加注重产品的品质，这也是社会发展的必然。现在，市场上对绿色农产品、有机农产品的需求量相当大；对外出口的农产品尤其要达到绿色、有机的标准。所以，绿色、有机农产品具有良好的市场竞争力，农民应当下力气在这方面加大投入，做到"人有我优"。

再次，农产品应当延伸产业链条。农产品是初级产品，附加值低。但农产品深加工后附加值大大提升，若是形成生产、加工、仓储、运输的产业链，不仅可以降低生产成本，也能够提升产值，进一步促进产业兴旺。

最后，农产品还需拓展发展空间。随着网络时代的到来，互联网经济已经成为新的经济形态，展现出极强的生命力和竞争力。农业产业发展和升级也应当抓住时代机遇，大力发展"互联网＋农业"和"互联网＋农业经济"，发展农业电商、农村电商，提升农产品市场流通的效率，更加促进农产品效益提升。

（二）科技引领

2016 年我国农业科技进步贡献率达到 56.7％，2017 年达到 57.5％。但同时期世界发达国家的这一指标在 70％～80％的水平，美国的农业科技贡献率更是达到了 90％。由此来看，我国的农业发展水平还有极大的潜力和发展空间，与发达国家水平比还有提升的潜力。因此，农业产业兴旺目标，离不开农业科技创新应用的驱动作用。

首先，要强化农业科技创新的作用。美国是世界上农业科技最为发达的国家，因而科技农业是其本质特征，也决定美国农产品在世界市场的竞争力。我国虽然是农业大国，但受历史传统、地理限制、社会环境的影响，农业科技的创新驱动作用并未充分显现出来，很多地方，尤其是地形地质条件较为复杂的地区，农业科技水平更低。因此，产业兴旺目标务必要不断提升农业科技含量，不断加强农业科技在农业生产中的运用。

其次，要加强农业科研人才培养，促进产、学、研相结合。我国主要农产品的良种率突破了 90％，但是下一步要实现产业兴旺目标，需要进一步加大科技投入，尽快使农业科技创新向农业生产转化，加快农业科研成果转化速度，促进农业科技升级换代，构建现代农业科技创新体系。

最后，要持续推动发展高效农业。发展高效农业，离不开农业科技的发展和农业机械的应用。2017 年 9 月 29 日，国务院召开新闻发布会，指出我国农业机械化水平明显提高，主要农作物耕、种、收综合机械化水平已经超过了 65%，小麦基本实现全程机械化，玉米、水稻的机械化水平超过 75%。根据发布会提供的数据来看，我国的农业生产方式已经从以人力畜力为主转到以机械作业为主的新阶段。但需要强调的是，这个数字是全国的平均水平，如果具体到每一个农业产品，情况则大不相同。主要是因为我国的农业生产环境南北东西差异太大。无论怎么说，相比美国农业 90%以上的农业机械化率，我国的农业机械化水平还需要克服困难，进一步加强农业科技水平，不断加大农业科技发展和应用范围，不断提高农业劳动生产率，持续发展高效农业。

（三）绿色生态

产业兴旺离不开农业资源供给和生态环境保障。但是，决不能为了发展牺牲环境、破坏生态。可持续发展是产业兴旺的应有之意，竭泽而渔式的发展注定不长久、不能促进产业兴旺目标的实现。

我国虽然地大物博，但实际上人均资源占有率非常低，尤其是农业发展资源受地理环境限制较大。在这种情况下，农业发展面临的资源环境压力越来越大。为了实现产业兴旺的目标，必须向集约型农业发展模式转变，发展的同时保护好生态环境；促进和实现农业发展的同时，坚守住绿水青山。高品质的农业产业，是可持续的绿色农业，是良好环境保障下的农业。因此，今后的农业发展，要杜绝化肥、农药的滥用、乱用，要走高品质农业发展之路。同时，可以把渔业休渔期措施引入的农业生产中，探索粮食种植的轮作休耕模式，保障土壤肥力，避免过度的开发利用，使土地失去生产能力。

（四）注重创新

思路决定出路。虽然我们不提倡"人有多大胆，地有多大产"理念，但也不赞成故步自封、不敢尝试、固守传统。长久以来，我国农业生产规模小，多是分散经营模式。尤其是土地承包到户之后，集体耕作、集体生产就不再多见。分散经营固然可以提高农业生产积极性，但要实现更大的发展，个人力量或者单个家庭力量略显不足。因此，邓小平曾提出农业的第二次飞跃将会是家庭承包基础上的集体化生产模式。现在，各类的农业合作社就已经具有集体化生产的雏形。今后，要实现更大的发展，需要改变传统的单个经营方式和经营模式，要多发展家庭农场、农民专业合作社、农产品加工龙头企业等现代农业经营主体，把小农户吸纳到现代化农业发展轨道上来。

此外，还应当探索组织化、规模化农业生产模式，形成以个人经营为基础、集体经营为主、采取入股分红模式的多种形式农业经营模式，形成农业生产规模效益，有力推动产业兴旺目标的实现。

（五）转移就业

不可否认，在大环境下，农民的种粮积极性、农业生产动力都有所下降。虽然国家出台了许多支农、惠农政策，但青壮年劳动力的农业职业愿望仍然不太强烈。这种情况是极其危险的，这也是农村出现"空心村"的重要原因之一。既然如此，不如转变思路，大胆引导农村剩余劳动力的转移，实现转移就业。

农村劳动力转移就业，一方面是因为我国城镇化发展，另一方面是因为农业吸引力不足。随着城镇化发展进程的推进，农村大部分的青壮年劳动力大都选择进城务工，妇女甚至老人成为农业生产主要劳动力。这当然不利于农业生产的进一步发展。要解决这一问题，可以加快、加强高素质农民培训工程，培养有文化、懂技术、有干劲儿、能吃苦的高素质农民，并通过一系列的帮扶奖励政策，让农业产业人才成为产业兴旺的主力军。另一方面，通过种种政策支持和优惠，引导农村剩余劳动力在家门口创业，并通过他们的示范带动，实现农村产业的多种形态共同发展，不断推动农业产业升级和发展，推动农业产业兴旺。

四、产业兴旺的意义

农业是第一产业，是国民经济的基础；农业的发展状况，直接影响并决定着国民经济的发展状况，同时农业生产的安全还影响着国家的安定和安全。所以，党中央在擘画乡村振兴战略的时候，把"产业兴旺"放在首位。没有产业兴旺，乡村振兴就无从谈起。产业兴旺是乡村振兴的根本，是实现农民增收、农业发展和农村繁荣的基础。

1. 产业兴旺是党的"三农"工作重点的直接体现

"三农"工作历来是党中央工作的重点和中心，历年中央发布中央1号文件，规划安排"三农"工作，不断推动农业发展、农村振兴、农民致富。乡村振兴战略是中央在新时期做好"三农"工作的总抓手，这其中，产业兴旺又是关键。

产业兴旺事关国家建设和发展的全局，事关党的基本路线、方针政策的实施，事关新时期社会主要矛盾的解决，这其中因发展差异导致的城乡差距需要重点关注。产业兴旺要求的提出，也是缩小、消除城乡差距的重大举措。民以食为天，产业兴旺是解决人民群众吃饭问题的保证，十几亿人的吃饭问题，都要靠农业发展兴旺才能解决。

2. 产业兴旺是乡村振兴战略实施的基础

乡村振兴战略共提出了五个方面的具体要求，其中产业兴旺是实现生态宜居、乡风文明、治理有效、生活富裕要求的基础。

产业兴旺目标的实现，必然带动农村的振兴和发展，整治农村环境，村容村貌就必然会有根本性的改观，就能够实现乡村振兴战略提出的生态宜居的农村建设目标。产业兴旺会带动农民注重乡村生态环境建设，会更加重视生活品质的提升。产业兴旺目标达成的时候，到处都是绿水青山，发展与生态保护并举，更加注重人与自然和谐相处，注重生产与生态的协调，注重可持续发展。

产业兴旺能够有力促进乡风文明建设。仓廪实而知荣辱，只有在最基本的生活需求得到满足的情况下，人们才会去追求更高层次的精神享受，实现精神上的升华。产业兴旺解决了吃饱穿暖的问题，是物质基础。乡风文明是温饱问题解决后更高层次建设的成果，是精神文明成果。

产业兴旺能够促进乡村秩序整治、实现有效治理的目标。"无事生非"，若是无所事事，天天闲逛，到处游荡，势必会成为乡村社会秩序不稳定的危险苗头。当产业兴旺目标实现的时候，家家户户有项目，人人有活儿干，每个人都有自己的价值追求和生活目标，都在干事业，奔前程，呈现出一片繁荣景象，乡村的社会秩序自然就稳定下来了。

产业兴旺能够直接推动生活富裕目标的实现。乡村振兴战略最终目标就是要实现"农民富"，产业兴旺必然推动农民生活富裕。

3. 产业兴旺是农民致富的有力保障

产业兴旺，农业发展，对于农民来说，是增产增收的希望，是过上富裕日子的奔头。对于农民来说，产业兴旺了，就能够比较有效地解决农民最为关注的就业和收入的问题。之所以现在有越来越多的农村青壮年劳动力对农业生产兴趣不大，对农村生活不够热心，是因为多方原因之下，收入不多，生活艰难。所以才有越来越多的年轻人走进城市，并逐渐融入城市生活。

但是不容否认的是，农业以及农产品加工产业，是国家重点关注、重点谋划的产业，是有广阔发展前景的产业。产业兴旺，农业发展，能够有效地增加农民的收入；农产品加工业发展，能够不断提升农业农村的吸引力，能够扩大农民的收入来源。因此，农业收入在农民的收入中还是占有很大的比例。农业产业兴旺，能够极大地增强农业农村的吸引力，吸引农村外流人才返乡创业，在广阔农村建功立业，有所作为。

第二节　生态宜居

生态宜居是乡村振兴的重要组成部分，是实现乡村振兴战略的关键。2018 年中央 1 号文件指出：乡村振兴，生态宜居是关键。生态宜居，强调在乡村振兴和发展的同时，要注重绿色发展，注重保护生态环境，在发展的过程中，既要金山银山，更要绿水青山，实现绿水青山与金山银山共存。

一、生态宜居目标解读

《国家乡村振兴战略（2018—2022）》对"生态宜居"目标进行了细化，主要包括四个方面的内容。

（一）畜禽粪污资源化利用率逐年提升

"庄稼一枝花，全靠粪当家。"农村集聚农家肥是我国传统农业耕作的一个特色，农家肥在农业生产中占有重要的地位。正是这样一种传统耕作习惯，导致每村每户都有畜禽粪便集聚发酵的场地，而且都是露天堆放或者存储，在需要的时候给土地施肥，实现增加土地肥力的目的。但是这种情况必然会造成农村生活环境的污染，同时原始的处理、利用方式，也会对生态环境造成破坏，与生态发展要求不符。因此，"生态宜居"目标首先对畜禽粪污资源化利用明确了具体的指标。

2017 年 7 月 7 日，农业部下发《畜禽粪污资源化利用行动方案（2017—2020 年）》，对畜禽粪污资源化利用工作进行具体部署。根据《方案》要求，各地都应当建立合理的资源化利用制度，对畜禽粪污进行妥善处理。为推进此工作的稳步推进，在 2016 年畜禽粪污资源化利用率达到 60％的基础上，进一步加大工作力度，增加投入，稳步推进畜禽粪污资源化利用工作，到 2020 年要达到75％，到 2022 年要达到 78％，尤其是畜牧大县、养殖大县，更要高标准完成这一工作。

这一指标是约束性指标，直接关系到农村生态环境的好坏。

（二）村庄绿化覆盖率不断提高

村庄绿化程度是农民生活质量的直接反映，绿化率的提升也会提升农民生活质量、生活幸福感。在村庄内，基本上家家户户都有在房前屋后栽树的传统。随着生活水平的提升，也多有村民会栽花种草，美化生活环境。但是有一个问题是，这样的栽树种花，只是农民的自发行为，缺少部署和规划。生态宜居所提出的村庄绿化覆盖率指标，就是要让目前的缺少规划、不够规范的村庄绿化工作纳入政府工作计划，让村庄绿化工作更加规范有序，也更能提升农村居民的生活质量。

由于我国农村地区范围广、村落多、情况多样，村庄绿化程度也有极大差异。就目前而言，南方的海南、广东等省份的农村地区，很多村庄的绿化率已经超过 60%；2018 年河北省的村庄绿化覆盖率已经超过 30%；而河南省许昌市的村庄绿化覆盖率在 2016年就已经超过 45%；但西北地区的情况就不尽如人意，绿化覆盖率还是比较低。因此，就平均水平而言，我国农村的村庄绿化覆盖率还不够理想，仍然有很繁重的工作要做。在综合全国农村实际情况的基础上，根据生态宜居的要求，国务院明确村庄绿化覆盖率在 2016 年 20% 的基础上，要稳步提高，到 2020 年要达到 30% 以上，到 2022 年要再提高 32% 以上。

这一指标是预期性指标，随着农村居民对美好生活需求的提升，随着生活水平提升和经济发展水平的提升，这一指标应该会提前实现。

（三）对生活垃圾进行妥善处理的村越来越多

农村生活垃圾处理现状是区域差距大，东部地区有生活垃圾收集点的占到了 82%，西部地区对生活垃圾进行收集的行政村只有 21%。总体而言，目前我国农村生活垃圾处理呈现"四四六"格局。有超过四成的行政村收集点还是空白；有超过六成的农村生活垃圾没有得到任何处理，据不完整统计全国农村生活垃圾有 1.1 亿吨，有 0.7 亿吨垃圾是没有经过任何处理的；有超过六成的行政村是没有对垃圾进行处理的。①

在这种情况下，住房和城乡建设部启动农村生活垃圾 5 年专项治理行动，使全国 90% 村庄的生活垃圾得到处理，并基本扭转农

---

① 张益. 我国农村生活垃圾处理现状与发展[J]. 城市管理与科技，2015（3）.

村环境脏、乱、差的局面，并形成农村生活垃圾治理的长效机制。农村生活垃圾围村的现象在过去还是比较普遍的，成为农村环境脏、乱、差最突出的表现。垃圾集中露天堆放，导致"垃圾山"恶臭熏天，蚊蝇乱飞。目前，我国农村约有 6.5 亿常住人口，每年产生生活垃圾约 1.1 亿吨，其中有 0.7 亿吨未做任何处理，相当于每年堆出 200 多座百层"垃圾高楼"。

农村环境治理工作任务艰巨，既要改变农民传统的随手乱丢垃圾的习惯，又要加大资金、人力投入，尽快建立集中的垃圾处理场所、设施等。对此，住建部部署实施农村生活垃圾处理行动。根据生态宜居目标的要求，到了 2020 年，全国对农村生活垃圾进行处理的行政村要比 2016 年的 60%增加 30 个百分点，需要达到 90%；到 2022 年，这一比例要稳定在 90%以上。①

这一指标也是一个预期性指标。从目前政府的规划、安排，不断加大财政投入的情况看，这一指标应该会提前超额完成。

(四) 农村卫生厕所日渐普及

长期以来，农村地区的厕所基本都是"两块砖、一个坑"的简陋"连茅圈"，家庭卫生状况大多一般，农村家庭垃圾污水随意排放的问题较严重。一到夏季，蚊虫滋生，传播疾病，极大地破坏了生活环境，降低了生活质量。

1993 年，第一次农村环境卫生调查结果显示，全国农村卫生厕所普及率仅为 7.5%。到 2016 年底，全国农村卫生厕所普及率已达 80.3%，东部一些省份达到了 90%以上。这说明，随着经济不断发展，生活水平不断提高，农民的环境意识、卫生习惯都会大大改观，"厕所革命"也会得到肯定和支持。为此，国务院卫生健康委会提出，到 2020 年，全国农村卫生厕所普及率要达到 85%，要极大地改变"一块木板两块砖，三尺栅栏围四边"的农厕状况，

---

① 根据住建部初步统计，截至 2013 年底，全国 58.8 万个行政村中，对生活垃圾进行处理的仅有 21.8 万个，仅占 37%；有 14 个省还不到 30%，有少数省甚至不到 10%。

基本解决臭气熏天、蝇蛆成群的状况。

农村改厕工作是改善环境、防治疾病的治本之策，是把好人民群众免受疾病困扰的"源头关"。实践也证明，随着农村厕所的改建，卫生厕所的普及，痢疾、伤寒等疾病都有相当程度的下降。因此，乡村振兴战略提出生态宜居的要求，要求对农村旱厕进行改建。根据要求，到 2020 年，农村旱厕改造、卫生厕所普及率要达到 85％；到 2022 年，"冲水式"卫生厕所普及率要稳定在 85％以上。

这是一项预期性指标。随着经济水平的不断提高，有些地方的卫生厕所建设会不断加大工作力度，这一指标也会提前完成。

二、生态宜居目标的评价指标

什么样的生活环境是生态宜居？并没有一个具体确定的指标来衡量。根据各地建设的实际和发展的基础，可以参照生态宜居城市建设指标，大致明确各地因地制宜，建设生态宜居乡村应当着重实现的目标。

（一）生活环境生态好

良好生态环境是提高人民生活水平、改善人民生活质量、提升人民安全感和幸福感的基础和保障，是重要的民生福祉。生态环境的质量直接影响农民的生活体验。生态环境是一个综合的概念，是包括乡村规划、绿化、卫生、水源等农民生活必备要素在内的体系，以自然生态为基础，但不限于自然生态。

一般来讲，生态环境好，要求生活区域空气清新无异味，河流湖泊水源清澈无污染，山林茂密无滥伐，草地茂盛无滥垦，村庄内村容整洁绿化好，垃圾入池无乱扔乱放。生活环境生态好，既强调人与自然和谐相处，也要注重人力投入和改造，以为农民群众提供优良的生活感受和体验为目标。

（二）生活便利设施全

生活便利是农村生态宜居目标的核心要素，也是决定性因素。相比于城市生活，农村地区基础设施较为不足，基础医疗、教育、文体、生活设施都不够充分，因此给生活带来诸多不便。这也是农村生活对青年人逐渐失去吸引力的原因所在。生态宜居，就是强调要住得好，无论是发达地区还是贫困偏远地区，除了干净舒适，还要有便利的生活设施。

随着生活水平的提升，人们对美好生活的需求也在不断提高。综合现阶段人们生活的普遍性需求，生活便利要求，在农村地区要基本具备以下生活基础设施：基础医疗保障做到小病不出村；基础教育保障做到学前教育不出村、义务教育以步行 15 分钟内到达为宜；村庄内有常用文体场所和器材如阅览室、报栏等；村庄内有小商店提供基本生活需求服务；出行有基本公共交通保障即村村通公交；道路设施有安全保障等。这些都是人们基本的生活需求和日常消费，但在农村地区，部分还难以实现，生活的便利程度不够。

（三）生活幸福水平高

生活水平是衡量农民生活幸福指数的一个重要指标。生活水平高不是简单的吃得好、穿得好，更主要的是在解决了温饱问题后，农民在整个社会生活中感受到的生活体验与以往完全不同，比如手中有一定积蓄，不用为医疗、教育问题而忧心；生活关注点不再集中于吃饭穿衣，更多地关注生活质量的提升，等等。

根据国际同行的评价指标体系，生活水平涵盖物质生活水平和精神生活水平两个方面，从个人和家庭方面来讲，都有相对明确的要求。从收入上来讲，家庭纯收入足以满足日常生活需求，并有积蓄；从日常消费来讲，衣食消费在日常支出中比重降低，更多地用于精神生活消费支出；从教育和文化来讲，成为家庭生活的重心，更加注重教育水平和文化质量；从社会保障上来讲，农村居民社会保障体系日益完备，基本的医疗、养老保障能够消除农民的后顾之忧，等等。这些方面的提升，都能够提升农民的生活幸福感，也标志着农民生活水平的提升。

（四）生活安定秩序好

良好的人际关系、和谐的邻里关系，是农村社会中乡风质朴、文明的突出表现。不同于城市环境，乡村社会是一个熟人社会，是以血缘为基础形成的关系纽带和以祖辈共同生活地域为联系形成的邻里关系，紧紧地把农村居民联系在一起。在农村，互帮互助是经常的自发行为，相互帮衬下的农村显得秩序安定。

在生态宜居的目标中，乡村生活秩序是一个重要内容。随着经济水平的提高，在农村地区开始产生一些不文明、不和谐的现象，在较大程度上影响了传统的农村关系的质朴、安定。生态宜居就是要通过文明培养、文化宣传，通过典型示范带动，通过齐抓共管，通过倡导和促进，不断在乡村这个天然共同体中构建安定的社会秩序，为农村发展，为农民生活幸福提供坚实的社会基础。

三、生态宜居目标的实践路径

（一）始终坚持尊重农村居民的主人翁地位和作用

农村始终是农民的主要生活场所，即使身处城市，家乡也是切割不断的联系和牵挂。因此，建设生态宜居的农村，要始终坚持尊重农村居民的主人翁地位，充分发挥农村居民在建设生态宜居美丽乡村中的积极性、创造性，充分发挥他们的作用。毕竟，农民是整治农村人居环境、建设美丽乡村的重要主体。农村人居环境整治成效如何，美丽乡村建设得怎样，直接关系广大农民生活幸福与否。

首先，农民直接、积极参与农村人居环境整治，生态环境建设，是实现生态宜居目标的最直接、最有效的途径。农民祖祖辈辈都生活在农村，对农村怀有深厚的感情；同时，农民也是最了解乡村生态环境和乡村发展状况及需求的人。农民最知道乡村生态环境整治和乡村秩序建设的重点、关键点在哪里，也最知道从哪里着手进行建设会最有成效，最有利于实现建设目标。

其次，农民对改善农村人居环境、整治农村秩序的愿望最强烈，因而也会更加积极地投入到生态环境建设中来。生态宜居乡村建设，关系着广大农民的切身利益，关系着他们的生活水平和幸福指数，因而他们会积极参与到农村人居环境整治和建设中，想办法，出主意，为生态宜居乡村建设贡献自己的智慧和力量，充分发生自己的聪明才智。

（二）始终注重培养农村居民好的生活习惯

农村地区生态环境不好，与农村地区传统的生产、生活习惯有关，同时也与农民自身的生活习惯有关。此前，农民更加重视农业生产、衣食温饱，对诸如环境、绿化等问题并不太关注。现在，生态宜居目标的提出，要求更加注重生活质量，从物质到精神，尤其是精神生活应当有更大的提升。生态宜居目标的实现，固然要求在硬件上要有丰富的物质供给，但也要从软件上强化和保障。因此，以生态宜居目标为导向，从小处入手，从点滴养成入手，从改变农村居民日常生活习惯入手，循序渐进地培养农民良好的生活习惯，养成爱护环境、讲究卫生的生活习惯，促进生态宜居美丽乡村建设。

（三）始终注重从农民最基本的生产生活需求出发

农民作为生态宜居美丽乡村建设的主体和受益者，在生态宜居中最有发言权。生态宜居目标的建设程度、实践状况，应当以农民的感受、认可和评价为主要参考。因此，生态宜居不是政治作秀，而是实实在在、事关亿万农民切身利益和福祉的民生工程。既然如此，生态宜居的具体建设，要从农民最基本的生产生活需求出发，确保这一关乎农民幸福、关乎农村发展的工程成为农民幸福生活的新起点。

第三节　乡风文明

乡风文明目标的要求是乡村振兴战略实施过程中，要注重物质文明建设，更要重视精神文明建设。乡风文明建设，是乡村振兴战略的重要内容，同时也是乡村振兴战略实施的重要推动力量和精神支柱。乡村振兴战略提出"乡风文明"目标，蕴含着丰富的文化意义和精神价值，乡风文明是乡村振兴的核心和灵魂，抓好乡风文明建设，就抓住了乡村振兴的关键。

一、乡风文明目标解读

《国家乡村振兴战略（2018—2022）》对"乡风文明"目标进行

了细化，主要包括四个方面的内容。

（一）普遍建立村综合性文化服务中心

物质生活丰富了，农民群众也开始注重精神生活的丰富多彩。虽然现在的农村的精神生活享受早已不是半导体、黑白电视机，但相比较于城市文化生活的丰富多彩，农村地区的精神文化生活还是相对贫乏、单调。以实施乡村振兴战略为契机，乡风文明建设要求首先丰富农村居民的精神文化生活。

从目标要求来看，综合性文化服务中心承担着重要的精神生活建设重任。综合性的文化服务中心需要有一定的活动空间，要根据基本文化活动需求搭建舞台，配齐基本文体设施等。在综合习惯文化服务中心，可以组织适当规模的文艺演出，可以组织播放电影，可以组织集体文娱活动，可以组织展览展示，可以组织教育培训。同时，设置阅读室，配备图书、报刊，农民在闲暇时间可以读书看报等。通过基础的文体设施和基本的文化活动，能够为农民群众提供基本文化服务保障，丰富农民的文化生活，增强农民群众的生活幸福感。

根据指标要求，到 2020 年，95％以上的行政村都应当建设综合性文化服务中心，到 2022 年，98％以上的行政村都应当建设综合性文化服务中心，通过丰富多彩、形式多样的文化活动，极大地丰富农民群众的精神生活。

这是一项预期性指标，随着经济水平的不断提高，随着人们文化生活需求的提升，这一目标的内容会更加丰富。

（二）县级以上文明村和乡镇比例明显上升

文明村和文明乡镇是一个地区综合建设水平的重要体现，集中反映了一个村、一个乡、一个镇里农民的综合素质和文明程度，社会与生活环境，农民的富裕程度和生活质量，物质文明、政治文明、精神文明、生态文明建设发展程度。

国务院以及各省市都会组织文明村和文明乡镇的评选，文明村镇共有 5 个级别：全国文明村镇、创建全国文明村镇先进村镇、省级文明村镇、市级文明村镇、县级文明村镇。截至 2018 年，全国文明村镇共评选五届，共评选出全国文明村镇 4 717 个。[①] 这一比例相对于我国的村镇数量来讲，还是相当小的。即使加上省、市、县级文明村镇的数量，这一比例也不会太高。[②]

因此，乡风文明所细化的县级以上文明村和文明乡镇的比例要在 2016 年 21.2% 的基础上有大幅的提高，到 2020 年要提高到50%，到 2022 年要达到 50% 以上。

这是一项预期性指标。目标各地从村镇到县市再到省，都十分重视文明村镇建设和评选工作，不断加大建设和投入，按照文明村镇的标准，各方面都有长足的发展，相信到 2022 年，这一比例应该会超出预期指标。

（三）农村义务教育高水平师资力量突出

百年大计，树人为本。对于农村地区，改变生存和发展状况的最有效的方式就是教育。读书改变命运，在农村地区体现得尤为明显，有很多农村娃都是通过上学改变了自身的生活环境，开创了自己的未来。因此，农民曾经吃过没文化的"大亏"，因而深刻体会到教育的重要性，在子女教育上的投资从来不曾吝啬。但是有投入就要有回报，对于农村孩子来讲，肯吃苦、肯学习、肯用功，是学习文化知识的一个方面，另一方面农村孩子学习成才还要有高水平的师资保障。

教育部的统计公报显示，2017 年农村义务教育专任教师中，小学专科及以上学历教师比例为 93.8%，初中本科及以上学历教师比例为 81.1%。2019 年 1 月 13 日，东北师范大学农村教育发展研究院在北京发布《中国农村教育发展报告 2019》，公布了农村义务教育情况。报告还显示，农村义务教育整体发展成效明显，教师

---

① 全国文明村镇至 2018 年已评选五批，其中第一批评选出 494 个文明村镇，第二批评选出 672 个，第三批评选出 899 个，第四批评选出 1 159 个，第五批评选出 1 493 个；五批合计 4 717 个。

② 根据民政部统计，截至 2017 年 12 月 31 日，全国范围内行政村总数为 691 510 个，14 677 个乡，19 531 个镇。

队伍建设成效明显。① 但是这只是统计数据，实际情况有一定的差异。长期以来，农村地区义务教育的情况并不够乐观，其中专任教师的能力素质就是重要的制约环节。虽然乡村教师有工作热情，但受限于学历上的不足，在现代化教育方面存在不足。虽然上述数字看起来比较可喜，但具体到全国农村义务教育阶段专任教师的总体情况，还应当有极大的进步空间。

国务院 2015 年 4 月 1 日印发《乡村教师支持计划（2015—2020 年）》，提出"下得去、留得住、教得好"目标。这是缩小城乡师资水平差距，让每个乡村孩子都能接受公平、有质量的教育的重要举措；这是实现教育公平的重要文件，同时也是加强乡村教师队伍建设的重要方针。

根据文件精神，乡风文明目标特别制定"农村义务教育专任教师本科以上学历比例"这一具体指标，把农村教育尤其是义务阶段教育作为提升乡风文明水平的重要内容来抓。根据指标要求，到2020 年，农村义务教育专任教师本科以上学历比例要达到 65％，到 2022 年这一比例要达到 68％。

这是一项预期性指标，随着乡村教育投入加大，国家政策支持，会吸引更多高层次人才投入到农村义务教育中。

（四）农村居民教育文化娱乐支出占比不断增加

民以食为天。长期以来，农村居民关心的都是如何填饱肚子。随着经济社会发展，随着人们对文化生活的追求不断增加，人们在教育、文化、娱乐方面的支出也在不断增加。诸如广场舞、太极拳等以前只有在城市才可见到的大众娱乐健身活动，在农村地区也可经常见到。这表明农民也开始重视文化娱乐活动。

但总体而言，农村地区的经济发展水平和城市还有诸多差距，教育、文化、娱乐支出在整个生活支出中还只是占有较小的部分。因此，乡风文明目标确定了"教育文化娱乐支出比"的指标，2016年农村地区的教育、文化、娱乐支出占整个生活消费支出的 10.6％。

---

① 上述报告和教育部公告的统计数据相同。

指标要求，到 2020 年这一指标要增加到 12.6％，到 2022 年这一指标要增加到 13.6％。

这是一项预期性指标。这一指标的增加，直接反映农村精神文化生活水平的提高，也表明农村地区消费结构更加合理。

二、乡风文明的建设路径

加强乡风文明建设，是传承优秀传统文化的需要，也是发挥先进文化引领作用的需要。乡风文明建设实践，要坚持立足乡村实际，充分尊重农民主体地位，围绕农民的需要，为丰富农民的文化生活提供服务，组织农民喜闻乐见、参与度高的文体活动，不断提升乡风文明建设水平。

（一）坚持社会主义核心价值观的乡风文明建设方向

乡风文明建设是精神文明建设的重要组成部分，须反映时代要求，符合乡村振兴需要。社会主义核心价值观是新时代党中央引领精神文明建设，向整个社会发出的倡导，是培育中国人信仰、信念、信心的指南。社会主义核心价值观引领下的乡风文明建设，不断引导农民群众思想观念和行为习惯等适应社会发展变化的需要，适应时代发展需求。

坚持社会主义核心价值观的乡风文明建设方向，要用农民群众喜闻乐见的形式和通俗易懂的语言解读、宣传社会主义核心价值观，在日常生产、生活中，让农民群众增强对核心价值观的理解和认同，在邻里相处间，在家长里短中，弘扬社会真善美，传播人间正能量，在乡村社会形成知荣辱、讲正气、促和谐的好风尚。

坚持社会主义核心价值观的乡风文明建设方向，要组织开展好形势政策教育，让农民群众在党的富民政策中，在党对农民群众的关怀、关心中，理解乡村振兴战略对农业、农村、农民的重大意义，始终在日常的生产、生活中坚定信念，增强信心，始终坚决地听党话、跟党走。

坚持社会主义核心价值观的乡风文明建设方向，要始终不放松对农民进行普法教育，通过广泛的法律法规宣传教育为农民群众普及法律知识，不断引导农民群众增强法律意识、法治观念。通过案例警示，让广大农民群众了解哪些法律红线是不能破的，教育农民群众注重运用法律武器保护自身权益。通过不断的法律宣传教育，在乡村社会形成广泛的尊法、信法、遵法的浓厚氛围。

坚持社会主义核心价值观的乡风文明建设方向，要持续组织好科学文化知识学习。一些固有的不良传统和习惯，多是由于文化水平不高、科学认识能力有限造成的。这就需要党和政府不断加强对农民群众进行科学文化知识的培训和教育，提高科学文化水平。

（二）坚持在优秀传统文化传承中推动乡风文明建设

世代传承的民间优秀传统文化，是乡村社会具有凝聚力、向心力的文化基因，把生于斯、长于斯的农民紧紧地联系在一起，无论走到哪里，都有情感的牵挂和联系。乡风文明建设，就是要在保留和传承优良文化传统的过程中，让那些优秀文化生态生生不息地延续，为农民群众留下丝丝缕缕的乡韵，记住念念不忘的乡愁。

坚持在优秀传统文化传承中推动乡风文明建设，要注重保护乡土传统文化的物质基础。在我国，有许多有历史的古村落，有许多包含文化特色的古民居，这些就是传承乡风文明的物质基础，上面承载着优秀的文化基因，要保护好。保护好古村落、古民居，就要在农村的建设和发展中保持特色，保留传统，在乡村振兴战略中使历史文化记忆、地域民族特色与发展同步，与时代同行，在新时代得到传承、发扬。

坚持在优秀传统文化传承中推动乡风文明建设，要注重尊重和传承好民俗。我国有许多传统节日，有丰富多彩的节庆活动，民族文化传统就是在这些节日、节庆中得到传承和延续的。在推进乡风文明建设中，要借助各类节庆活动的时机，赋予传统节日新的时代内涵和情感。

（三）坚持移风易俗、消除陈规陋习，促进乡风文明建设

在熟人社会中，乡村社会也不可避免地形成一些陈规陋习，与淳朴乡风格格不入。在乡风文明建设中，要注重革除思想积弊，抵制媚俗、庸俗、低俗的人际交往和人际关系。当然，要消除陈规陋

习，尤其是部分年长群众的固执和偏见，有比较大的难度。在乡村振兴战略中，一定要迎难而上，坚持移风易俗、消除陈规陋习，不断促进乡风文明建设。

坚持移风易俗、消除陈规陋习，促进乡风文明建设，就要充分发动群众、信任群众，以群众为主体制定和完善村规民约。村规民约是农村普遍存在的"民间法律"，在解决邻里纠纷、消除村民矛盾方面，在维护集体利益、维护乡村社会秩序等方面发挥着重要作用。近年来，农村地区产生了一些不良现象，比如天价彩礼、丧葬攀比之风、聚众赌博、酗酒闹事等。这些现象，单靠国家法律、政府管理是难以有效解决的。如果有村规民约来约束，将会更有效果，也能更有效地促进乡风文明建设。

坚持移风易俗、消除陈规陋习，促进乡风文明建设，就要敢于同不良风气作斗争。陈规陋习之所以存在，就是受一些不良风气的影响，破坏了淳朴乡风、质朴民情。因此，促进乡风文明，就要敢于同不良风气、不良现象作斗争。基层党组织、基层党员、基层群众自治组织，要带头弘扬正气，坚决抵制歪风邪气，带头纯正社会风气，营造风清气正的乡风文明建设的浓厚氛围。

（四）坚持加强精神文明建设，不断拓展乡风文明建设渠道

乡风文明建设本质上属于精神文明建设的范畴，要在加强社会主义精神文明建设的过程中，拓展乡风文明建设的渠道。乡村是文化的重要载体，是优秀文化的宝库，是浸入农民血脉的生产方式、生活习惯、民间信仰。加强精神文明建设，要把这些优良文化基因传递下去，要建设各类文化设施，为农民提供各种文化服务，通过文艺演出、文化交流等，丰富农民群众的文化生活，让农民在文化发展和服务中感受社会主义精神文明的力量。同时要发动群众，让群众也积极参与到乡风文明创建中，赋予乡风文明建设生机和活力。

三、乡风文明建设的意义

习近平总书记指出："文化是一个国家、一个民族的灵魂。

文化兴国运兴，文化强民族强。没有高度的文化自信，没有文化的繁荣兴盛，就没有中华民族的伟大复兴。"乡风文明是中华文明的重要内容，是中华文化传承的基础之一。乡风文明建设作为乡村振兴战略的灵魂，对乡村振兴战略的实现，具有重要的意义。

（一）乡风文明建设是实施乡村振兴战略的重要保障

乡村振兴是谋划乡村全面发展和振兴的综合性战略，乡风文明建设是其中的重要方面。乡村振兴战略旨在"强体"，要求实现农业、农村、农民的全面振兴和发展。乡村振兴战略更要"铸魂"，要求农业成为有吸引力的产业，农村成为人们的精神家园，农民能够在农村文化和文明中有自身的身份认同感。乡村振兴战略，是在乡村社会中坚持精神文明与物质文明一起抓，在实现物质丰饶的同时，同样得到精神生活的提升。乡风文明建设正是提升乡村精神文明、实现"铸魂"的有力抓手。

乡风文明建设，通过把社会主义核心价值观、精神文明建设、文化下乡等内容，同农业发展、农村振兴结合起来，在农业农村发展的各个方面，为乡村振兴提供思想保障、精神动力和智力支持，不断推动乡村振兴战略实施和发展。

（二）乡风文明建设是全面建成小康社会的重要基础

实现全面建成小康社会的目标，关键取决于农村地区的小康建设水平。乡村地区因为历史的原因和现实的原因，其发展相对来说比较落后，导致城乡差距比较大，而且这种差距还是全面的差距。全面建成小康社会就是要消除这种差距、实现乡村和城市同步发展。乡村振兴战略的实施就是要决胜全面建成小康社会，让农民普遍过上富裕、幸福的日子。全面建成小康社会，乡风文明是重要基础，乡村社会的文明程度决定着小康社会的建设水平。农村地区的小康，应当是高水平、高质量的小康。

乡风文明建设是农村小康社会建设目标实现的重要基础。乡村文明程度不断提升，乡村文化不断繁荣，将会成为全面建成小康社会的坚实基础。

（三）乡风文明建设是精准扶贫工作的重大动力

精准扶贫工作是国家扶贫工作进入到关键阶段的重大举措，是扶贫工作取得决定性胜利、全面建成小康社会的关键。乡风文明集中体现了农村地区的风土人情、精神面貌、乡风民风，也是一个地区基本社会秩序的体现。仓廪实而知礼节，农村居民的生活富足则有利于促进社会稳定。若是今日还为生计而担忧、奔波，为些许小利产生纠纷，则必将无心于小康社会建设，无助于基层社会秩序稳定。

乡风文明建设是改善乡风民风的重要举措，通过不断的扶智、扶志，在农村树立起"以热爱劳动为荣"的大好氛围，引导农村居民坚定脱贫的决心和信心，从而为精准扶贫工作提供内生动力，激发自身的积极性、主动性，依靠自身劳动早日脱贫致富。

（四）乡风文明建设能够有效推进农村的全面发展

农业农村的发展是全面的发展，需要多渠道、多途径，投入人力、物力、财力，同时还需投入智力。乡风文明建设从现实利益来看，或许没有实际的经济效益，但它却可以通过无形的精神支撑、智力支持，不断推动乡村振兴战略的实施。

乡风文明建设，能够有效地改善乡村地区的软环境，不断增强乡村地区的吸引力、凝聚力，吸引外来资金投入、吸引外来人才创业、吸引乡村精英积极投身家乡建设。

乡风文明建设，能够有效改善乡村生态环境，增强人文遗迹、民俗风情、历史文化等文化资源的生命力、吸引力，奠定乡村旅游等新型乡村经济形态的基础，极大促进乡村振兴战略，实现农村的发展和振兴。

第四节　治理有效

农村地区人情复杂，在熟人社会中，人际交往、利益冲突等诸多方面，对乡村社会基本秩序都会有一定的影响。以血缘为基础形成宗族势力因其强势地位，在乡村秩序形成中有一定的不合理之处。由于传统的人际关系限制，以村民自治为基础的乡村治理体系，也有不足之处。因此，乡村振兴战略提出了治理有效的要求。

治理有效，是乡村振兴战略的重要内容，是加强农村政治建设的重要保障，是实现乡村秩序安定、农民安居乐业的必然要求。

一、治理有效目标解读

《国家乡村振兴战略（2018—2022）》对"治理有效"目标进行了细化，主要包括五个方面的内容。

（一）村庄规划管理覆盖率力争实现全覆盖

城乡建设部的统计资料显示，截至 2017 年底，我国共有244.9 万个自然村，[①] 有 69.1 万个行政村。基于地理、历史、文化传统等原因，无论是行政村，还是自然村，都存在较大的差异。比如，最大的自然村有 2 720 多户，最小的村只有 8 户。[②]

无论人口多少，无论户数如何，一个共性的问题就是村庄建设缺乏统一规划而导致房屋较为杂乱，不够整齐。这样的乱建设在大多数的村落里都存在，住宅及房屋的建设都不够整齐，导致房前屋后的距离、道路通行条件、树木种植等都有诸多的不足。因此，乡村振兴战略提出"村庄规划管理"的具体要求。

2018 年 2 月，住房和城乡建设部印发《农村人居环境整治三年行动方案》，提出要进一步加强村庄建设规划工作，要实现村庄规划管理基本覆盖。根据方案的要求，村庄规划要做到"农房建设有规划可依、行政村有村庄整治安排、不搞运动式编规划"。同时方案还提出了到 2020 年要全面完成县（市）域乡村建设规划编制或修编。

乡村振兴规划战略提出"村庄规划管理覆盖率"的指标要求，明确到 2020 年，村庄规划管理覆盖率要达到 80%；到 2022 年，这一指标要达到 90%。这是一项预期性指标。通过实施乡村规划

---

① 资料来源：2017 年住房和城乡建设统计公报。
② 资料来源：2016 年住房和城乡建设统计公报。

战略，农村地区的脏、乱、差等问题会得到较为彻底的整治，人居环境水平也会得到进一步提升。

（二）建有综合服务站的村达到一半以上

农村综合服务站是在农村地区建立的以村民为主要服务对象，以公共服务、信息咨询、培训服务、文化娱乐和代理服务等为主要服务内容，以服务"三农"为宗旨，以增加农民收入为目标，为广大村民提供方便快捷的信息服务的综合服务管理机构。综合服务站能够解决农村居民生产、生活上的诸多不便利，使得村民能够在足不出村的情况下，就能够在综合服务站购买到生产所需要的化肥、种子以及其他生产资料，能够购买到生活必需品等，极大地便利了农村居民的生产、生活。对于农村居民来讲，综合服务站是一件大好事，应当建好，尤其是应当在交通不便、生活条件较差、经济不太发达的地方，根据农村发展需要和农民实际需求建设好。

根据乡村振兴战略规划要求，要在农村地区建设综合服务站。目前，各地都着手建设或者已经建成综合服务站，为方便农村生产、农民生活发挥了重要作用。但是，现在综合服务站建设的范围还不够广。2016年，才有14.3%的村建有综合服务站，远远不能满足农民生产、生活的需求。因此，乡村振兴战略提出到2020年，全国建设有综合服务站的村要达到50%，到2022年，要有53%的村庄建设有综合服务站。这是一项预期性指标。

（三）村党组织书记兼任村委会主任的比例增加

村党支部委员会和村民自治委员会统称"两委"，这是两个性质不同的组织。

村党支部委员会是党在最基层的组织，是党的领导在乡村社会中的体现，是本村各种组织和各项工作的领导核心，是团结带领广大乡村党员和农村居民发展农业、振兴农村的坚强堡垒。村党支部委员会选举产生党支部书记负责日常工作。

村民自治委员会是由村民选举产生的群众性自治组织，是村民自我管理、自我教育、自我服务的基层群众性自治组织。在村民委员会的带领下，广大农民群众直接行使民主权利，依法办理自己的事情，创造自己的幸福生活。村民委员会在农村地区的发展中具有举足轻重的地位。村民委员会选举村主任，负责村委会的日常管理工作。

一般情况下，村党支部书记和村民委员会主任分别由不同的人担任。但在实践中，由于青壮年劳动力向城市转移，乡村精英外流，乡村治理工作所需要的人才有所缺失，也就产生了村党支部书记与村民委员会主任由一人担任的现象，俗称"一肩挑"。这种"一肩挑"，由于权力比较集中，能够有效推进农村地区的各项工作。因此乡村振兴战略规划提出了"村党组织书记兼任村委会主任"的目标要求。根据要求，这种"一肩挑"的比例要在 2016 年 30％的基础上持续增加，到 2020 年要达到 35％，到 2022 年要达到 50％，以实现对乡村振兴工作的领导、组织和实施。

这是一项预期性指标。目前各地方对这一问题比较重视，"一肩挑"工作的推进力度比较大，到 2017 年底，海南省农村基层组织"一肩挑"的比例就已经达到 98.7％，而湖北省的这一指标是96.5％，广东省是 73％，吉林省是 66.9％，北京市是 59.6％，山东省是 59.4％。这意味着，乡村振兴战略所确定的到 2022 年 50％的目标要求会提前实现。

（四）村规民约作用充分彰显

村规民约是我国各个村落或者行政村，依据党的方针政策和国家法律法规，根据本村的实际，经全体村民讨论、表决共同制定的，是维护本村的社会秩序、社会公共道德、村风民俗、精神文明建设等方面的约束性规范或者规章制度。村规民约属于本村村民共同制定、共同遵守的村民公约。村规民约不是法律，并不具有法律的强制性。但它根植于农村地区，是大家共同认可并共同遵守的自治性规范，更多是靠道德的约束力，实现其强制力。

村规民约不是法律，但在农村地区，其作用甚至比法律还要体现得充分。它经村民民主制定，体现村民的意愿，大家依照约定，自觉遵守。村规民约在维护乡村地区秩序，组织农村发展等方面，都发挥了突出的作用。因此，乡村振兴战略明确提出村规民约的指标，要求到 2020 年，实现村村有村规民约的要求，有村规民约的村占比要达到 100%。

这是一项预期性指标，根据国家的政策指导和各地对村规民约的重视程度，这一目标的实现不成问题。

（五）集体经济强村比重有较为明显的增加

农村集体经济是社会主义公有制经济在农村的重要体现，是农村经济中重要的组成部分，关系着整个农村经济发展的大局。集体经济强的地区，农村经济发展水平较高，村民生活比较宽裕，农业现代化水平也较高。因此，加强村集体经济的发展是促进农村地区经济发展，实现全面建成小康社会的重要物质基础和保障，也是实现全面建设小康社会的坚强支柱。

加强对村级集体经济发展的扶持，不断壮大村级集体经济实力，是乡村振兴战略背景下，对农村"统分结合、双层经营"基本经济制度和经营制度的完善，也是推进农业适度规模经营、优化配置农业生产要素、实现农民共同富裕、提高农村公共服务能力、完善农村社会治理的重要举措。通过对农村集体经济的扶持，能够更好地挖掘农村生产能力和消费潜力，不断培育农村经济新的增长点，不断促进社会和谐、促进农村地区稳定和发展。

由于经济发展水平和资源分布的不均衡，我国的集体经济强村并不多。因此，财政部专门出台了《扶持村级集体经济发展试点的指导意见》，旨在通过对农村集体经济的扶持培育集体经济强村，发挥其示范引领作用，以点带面，促进农村经济的全面发展。乡村振兴战略提出到 2020 年，农村地区集体经济强村要达到 8%；到 2022 年，这一比例要达到 9%。这是一项预期性指标，在中国经济整体发展形势下，这一指标应该会超额完成。

二、治理有效目标的实践路径

"治理有效"不仅是国家有效治理的基石，也是我国社会建设的基石，更是乡村振兴的基石。乡村治理有效，意味着乡村秩序安全、稳定。如何实现乡村治理有效的目标，党的十九大报告提出了明确的要求：加强农村基层基础工作，健全自治、法治、德治相结合的乡村治理体系。

自治、法治、德治相结合的乡村治理体系，是实现乡村地区治理有效目标的根本途径，也是农村地区经济社会发展的需求。这一治理体系中，自治是基础，法治是前提，德治是保障，三者结合是解决乡村经济社会发展中出现的问题的根本途径。

（一）坚持村民自治的治理基础

村民自治制度，是农民解决农村经济社会发展中出现的问题的自发性探索。村民自治是农村居民在党的领导下，直接行使当家作主的民主权利，依据法律、法规，管理自己的事情。根据村民自治制度的要求，村民自治以"四个民主"为基础，即以民主选举、民主决策、民主管理、民主监督为基础，从而实现对农村事务的自我管理、自我服务、自我教育。

村民自治实践对于农村事务的处理发挥了重要作用，有效地建立起农村社会秩序。村民自治的实践是乡村治理的主要形式，要按照法律要求，在党的政策指引下，解决农村的诸多问题。

坚持村民自治的治理基础，是尊重农村居民的主体地位的体现。农村居民对农村事务最为熟悉，也最为关注，也关心自身的利益得失。农村居民的主体地位，体现在对农村事务的处理，体现在对自身利益的决定。无论是党的政策的执行，还是法律法规的实施，都需要村民自治实践的支持和保障。

坚持村民自治的治理基础，是发挥基层民主的主要途径。村民的事务应当由村民自己来解决，在村民无法解决或者没有能力解决的情况下，才由政府介入。同样，在实施乡村振兴战略时，在农业发展、农村振兴中，同样要充分发挥基层民主，根据村民的意愿开展乡村秩序治理，建立起乡村安定、团结的稳定秩序。

（二）坚持法治思维，为乡村振兴战略提供法治保障

村民自治是实现乡村振兴战略的政治基础，法治则是实现乡村振兴战略的坚强保障。在全面推进依法治国的进程中，村民自治必须在法治的框架内进行；同样，乡村振兴战略的实施与实现同样需

要有法治提供保障。

实施乡村振兴战略，需要安定、安稳、有序的环境，这是乡村振兴有效实践的必然要求。乡村振兴战略擘画了诸多目标和蓝图，这些目标的实现，需要对农村的结构进行调整，需要对农村地区既有的经济结构进行调整，这不可避免地会产生一些冲突，或者产生一些纠纷。这些问题，如果能够通过村民自己协商解决，或者基层政府调解来解决是最好的。如果不能，应当通过法律手段解决，消除存在的问题。

此外，在实施乡村振兴战略时，战略的组织和实施也需要坚持法治思维，依法组织实施各项工作，不能简单地命令或者通知，甚至用强制性手段去强制实施。此外固然可以通过村规民约规范乡村社会的秩序，规范农村居民的行为，但更要保证法律的权威，一切都要通过法律规范自治和乡风民俗，通过法律制约违法违规行为。

（三）坚持发扬德治，以道德促进乡村治理

道德传统在乡村地区有深厚的生存和发展土壤，这是由农村地区的淳朴乡风决定的。在实施乡村振兴战略过程中，在实现乡村有效治理的目标时，更要注重培育醇厚的道德氛围，不断促进乡村治理。

乡村地区有淳朴乡风，有良好的德治传统。多地都比较注重德治功能的发挥，突出的就是以评选新乡贤的方式，促进乡贤文明在乡村地区开花结果。乡贤在乡村振兴战略中，在实现有效治理目标时，有着重要作用。乡贤在乡村社会拥有不同于普通村民的知识、人脉关系、经济实力，具有丰富的资源和开阔的视野，具有良好的道德感召力。[①] 乡贤通过自身的品行，通过对生产、生活的身体力行，在乡村社会中产生具有积极意义的示范带动作用，能够为乡村淳朴乡风的培育提供助力。

良好的乡风、民风会促进乡村社会治理，也有助于乡村振兴战略的实施。因此，在乡村振兴战略实施中，在治理有效目标的实现

---

① 刘昂. 新乡贤在乡村治理中的伦理价值及其实现路径[J]. 兰州学刊，2019（4）.

中，通过培育乡风、民风，促进乡村有效治理目标的实现。具体来说，可以通过乡贤的示范，培育乡风、民风；可以通过评选好村民，培育乡风、民风；可以通过弘扬孝贤文化，培育乡风、民风。通过良好的乡风、民风，引导农村居民在生产、生活中，自我约束，自我教育，实现对乡村社会秩序治理的有力推动。

（四）加强监督，以监督促进乡村有效治理

习近平总书记指出，要把权力关进制度的笼子里。在乡村治理有效目标实现中，要注重加强监督体系的建立，从乡村振兴战略实施之初，加强对战略实施与管理，加强对资金的分配和使用，加强对乡村结构调整等诸多方面的监督。毕竟，再好的战略部署，再好的治理方案，都需要有效的监督制度作为保障，以法律、纪律作为治理后盾，以监督促治理。

首先要加强对基层党组织和村民委员会的监督。虽然这些组织行使的职权不是国家权力，但这些权力却掌握着乡村资源及分配，因此成为群众关注的重点，只有把这些人、这些组织纳入到监督体系中，接受来自基层政府、政府职能部门、司法机关、农村居民的实实在在的监督，他们手中的权力才不会滥用，才不会出现"公权私用"的情况，否则，就不免产生对群众权益的侵害，甚至为祸一方，不仅无助于乡村振兴，更会成为法治社会的毒瘤。

其次要加强对农业资金和农村集体经济的财政审计。实施乡村振兴战略，会有财政投入和支持，会有资源调配和使用。这些事情，绕不开基层党群组织，必须要由他们来组织实施或者需要他们的协助。只有加强财政审计，以法律、纪律高压线为保障，才能保证党和国家的富民政策真正落到实处，才能保证农村居民在乡村振兴战略中得到实惠。

三、治理有效的意义

乡村社会是整个社会治理中的最基本的治理单元，是国家推动现代化治理转型，实现治理体系升级的重要基础。乡村是农民居住生活的地方，在人情往来、利益分配、结构调整等方面，容易产生

利益冲突，以至于引发较为激烈的冲突，导致农村社会中的安定秩序受到破坏。因此，乡村振兴战略提出"治理有效"的目标，是在社会治理转型背景下，构建新型乡村社会治理体系和社会秩序的需要，也是协调利益关系和化解社会矛盾的根本要求，有着重要的意义。

（一）治理有效为乡村振兴战略的实施提供安定有序的环境

乡村治，则百姓安；百姓安，则国家稳。乡村社会在整个社会治理中的地位和作用毋庸赘言。乡村的治理有效，会为实施乡村振兴战略提供安定有序的环境，确保乡村振兴各项具体举措能够顺利实施。

政策实施的成效，要通过实践来检验。乡村治理有效，要求农村地区的社会秩序安定，这也是社会有效治理在乡村地区的体现，为乡村振兴各项战略和举措的实施和实现提供稳定有序的环境。无论是农业产业调整升级，还是农村产业结构调整转型，以及农民转变思路谋求发展新路径，都需要在安定的环境中才能进行。

乡村振兴战略是包括"三农"问题在内的综合性战略，是涵盖物质文明、精神文明、政治文明、社会文明、生态文明建设在内的综合性战略，这些战略的实施和实现需要在安定环境中坚实推进。治理有效为农业农村发展提供稳定的秩序基础，确保一系列富民政策措施有效实施；治理有效是乡风文明建设的体现，表明了乡风文明建设的程度；治理有效是基层组织建设的重要任务，同样也是基层组织领导和组织实施乡村振兴战略的能力的集中体现；治理有效是乡村社会文明的集中展现，集中反映了乡村社会生态的安定有序；乡村治理有效还集中体现在农村地区自然资源的保护和有序开发利用，展示出生态文明的发展和进步。

（二）治理有效为农村居民实现美好生活需求提供坚实保障

安居才能乐业。对于农民居民来讲，安定、安稳的生活是他们最需要的也是致力追求的。安定、安稳的生活需要坚实的物质基础，同样需要安全稳定的生活环境和生活秩序。

农村居民对于美好生活的需求，既包括物质上的丰富，也包括精神生活的精彩，还包括在日常生活中的安心、安稳。物质上的丰富解决了农村居民关注的吃饱、穿暖的问题，解决了居者有其屋的问题；精神生活的丰富多彩，极大地丰富了农村居民的业余文化生活，改变了"农忙围着庄稼转，农闲围着牌桌转"的状况，逐渐通过广场舞、农村大戏、文化集市等，使得农村生活更加丰富多彩。而这些美好愿景，都离不开治理有效的坚实保障。

治理有效，强调有一个坚强有力的领导班子，结合乡村自治、秉承法治，在充分发挥德治引领作用的基础上，构建乡村安定秩序。治理有效，强调要正视农村地区发展中存在的各种矛盾和冲突，充分发挥乡规民约的作用，在尊重农村居民主体地位的基础上，有效解决或消除各类矛盾。治理有效强调要结合发展、结合产业调整升级促进治理，人人有项目，人人有活干，以生产促治理。

（三）治理有效为促进乡村治理向现代化不断转型奠定基础

乡村治理是国家治理的重要内容，关系着农村地区的稳定和发展，关系国家治理基础的强化与巩固。乡村社会传统治理固然有其积极性，并在建立和发展乡村秩序中发挥了突出的作用，但这种依靠缺乏制度保障和制度约束力，多凭借道德约束而实施的管理已经不适合现代社会发展的需求。尤其是在社会转型期中，在利益格局发生变化、利益冲突日益增多的情况下，再强调以人情管理、以感召管理，都不太合时宜。现代化的治理必然是有制度保障、有法律规范、有权力约束的治理，必然是连续、全面的治理。

乡村治理强调要建立起综合治理体系，指出要根据乡村社会实际，建立起自治、法治、德治相结合的治理体系。综合治理体系的建立，是乡村治理向现代化治理转型的根本路径。在综合治理体系下，村民自治制度的实践，极大地保障了村民在乡村社会治理中的主体地位，能够充分体现其治理意愿，能够充分满足村民当家作主、自己的事情自己说了算的愿望，这就能够极大地激发村民参与乡村社会管理、维护乡村社会秩序的积极性和主动性。法治理念与法治措施的确立与实施是国家法治建设对乡村社会治理提出的根本要求。无论自治的程度如何，都必须要保障自治在法治的轨道上健康运行。任何地方、任何人都不得以自治为名，干扰法治、阻碍法治、破坏法治。法治始终是自治制度实践的要求和保障。当然，乡村社会治理还应当立足于本地实际和传统特色，充分发挥优良传统、良好风尚、模范典型的引领、示范、带动作用，最大程度发挥德治的功能。

（四）治理有效为农业产业调整升级和发展提供了有力支撑

农业产业调整升级和发展，探索新时期农业发展的新路子，是实现乡村振兴的必然要求，也是实现乡村振兴的根本路径。无论何时，农业及其发展都是国家建设和发展的大事，也是农村地区发展的大事。因此，谋求农业产业调整、升级，以适应急剧变化的社会需求，是在乡村振兴战略实施过程中，必须坚持和完成的重大决策。

在农业产业调整和升级中，需要稳定有序的环境，乡村治理有效就承担着这样的功能。这几年的退耕还林、退耕还牧等工作取得了极大的成绩，但也不可避免地对耕地开发者的利益造成不小的影响，要注重解决好其中的矛盾。还林、还牧后，就必须加强土地修复和治理，充分挖掘土地的效益。此外，农村地区生态环境治理同样是助力农业产业调整升级的重要内容，这其中牵涉的范围更广，涉及的利益更突出。对农村地区的资源开发和利用，要协调好开发利用与保护修复的关系。其中会涉及投资者、农民等多方主体的现实利益，尤其是经济利益。治理有效就要保障既能够促进农村生态保护，为农业产业调整升级提供坚实的物质基础；还要保障整个社会秩序安定、平稳，为农业产业调整升级、为农村地区的发展和振兴提供良好的社会环境。

第五节 生活富裕

无论是产业兴旺、生态宜居，还是乡风文明、治理有效，最终都是为农民谋幸福，使农民生活富裕。对于农民来讲，这是千百年来生产、生活的目标和追求，也是为之不懈努力的动力。农村地区的生活富裕是我们正在实现的共同富裕目标的基本内容，通过消除贫困、改善民生，必然会不断满足人民日益增长的美好生活需要，最终实现社会的共同富裕。因此，无论乡村振兴战略的规划和实施，还是农业产业结构调整和升级，最终的目标都是为了实现农村的富裕，实现农民生活的小康，进而实现中国社会的共同富裕，实现全社会的小康。

一、生活富裕的目标解读

《国家乡村振兴战略（2018—2022）》对"生活富裕"目标进行了细化，主要包括四个方面的内容。

（一）农村居民恩格尔系数逐渐下降

恩格尔系数是指食品支出总额占个人消费支出总额的比重。恩格尔系数是一个专业的经济学术语，从理论上来讲，能够较为客观地反映一个国家的经济发展水平。从经济学的观点来看，一个家庭的消费支出包括衣食住行等各个方面，通过经济学家的研究发现，家庭的消费支出比例与家庭收入密切相关。家庭收入越少，则食物消费比例就越大；家庭收入越多，则食物消费支出所占比例越小。因此，经济学家根据食物消费在家庭消费支出中所占的比例的规律，总结提出"恩格尔系数"这一专业指标。[①] 恩格尔系数现在已经成为判断一个国家或者一个家庭生活水平的重要方法，简单来讲，如果一个国家比较贫穷，则该国每个国民的平均消费支出中用于购买食物的消费所占比例比较大；而国家若是比较富裕，恩格尔系数比较低。一般来说，恩格尔系数达59％以上为贫困，50％～59％为温饱，40％～50％为小康，30％～40％为富裕，低于30％为最富裕。[②]

恩格尔系数既可以用来判断一个国家的富裕程度，同样也可以

①　德国经济学家恩格尔在自己的调查研究中发现了上述食物消费支出与家庭总消费支出的关系，称这一规律为"恩格尔定律"，根据恩格尔定律，所计算的家庭食物消费支出与家庭总消费支出的比例即为"恩格尔系数"。

②　张祖群．从恩格尔系数到旅游恩格尔系数：述评与应用[J].中国软科学，2011（2）.

用来判断一个家庭的生活水平。因此，国家统计局在发布年度统计报告的时候，都会公布恩格尔系数。这也成为判断我们生活水平的一个重要指标。改革开放 40 多年来，我国居民的消费水平不断提升，与此同时，恩格尔系数逐年降低，一定程度上反映了居民消费观念的变化。

从图 3-1 可以看出，随着经济水平的不断提高，我国居民的消费水平在提升的同时，消费结构更加合理，充分反映出人民对美好生活的追求不断提升。但是从图 3-2 还可以看出，农村居民的恩格尔系数水平不仅高于城镇居民，同时也高于全国平均水平。因此，乡村振兴战略提出生活富裕目标要求的时候，特别强调了农村居民恩格尔系数这一指标。根据发展的实际，要求到 2020 年农村居民恩格尔系数下降到 30.2%，到 2022 年下降至 29.2%。从国家统计局的统计公报可以看出，2018 年农村居民的恩格尔系数已经降至 30.1%，仅高出 2020 年预期目标 0.1 个百分点。因此，这一预期性指标肯定会完成。

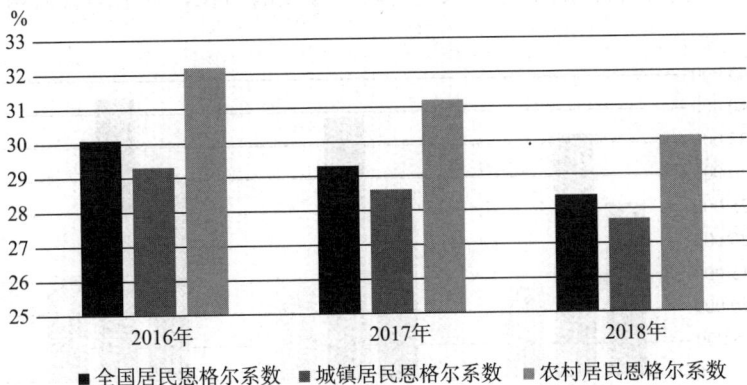

图 3-2　2016—2018 年全国居民恩格尔系数变化情况

注：以上数字来源于国家统计局 2016—2018 年国民经济和社会发展统计公报

（二）城乡居民收入差距逐渐缩小

城市与乡村之间的差距是广泛存在的，这种差距横亘在城市和乡村之间，城市与乡村的交流和流动渠道并不十分通畅，制约着乡村向更高层次发展。在诸多差距中，城乡收入差距是最为刺激乡村地区敏感神经的差距。当然，这种差距的产生和存在有多方面原因。在乡村振兴战略实施过程中，要着力解决城乡收入差距过大的问题，要通过城市反哺农村、工业反哺农业、加强政策支持和资金支持等多种方法，逐步缩小城乡收入差距，逐渐消弭城乡之间的数字鸿沟。

从图3-3可以看出，城乡收入差距还是比较大的。2017年，城市人均可支配收入36 396元，农村人均可支配收入13 432元，城市人均可支配收入是农村人均可支配收入的2.71倍；2018年，城市人均可支配收入39 251元，农村人均可支配收入14 617元，城市人均可支配收入是农村人均可支配收入的2.69倍；2019年，城市人均可支配收入42 359元，农村人均可支配收入16 021元，城市人均可支配收入是农村人均可支配收入的2.64倍。数字表明，随着经济形势好转，随着国内外市场回暖，随着国家经济政策调整，城市和农村的平均收入均有较大幅度的增长，年平均收入均呈

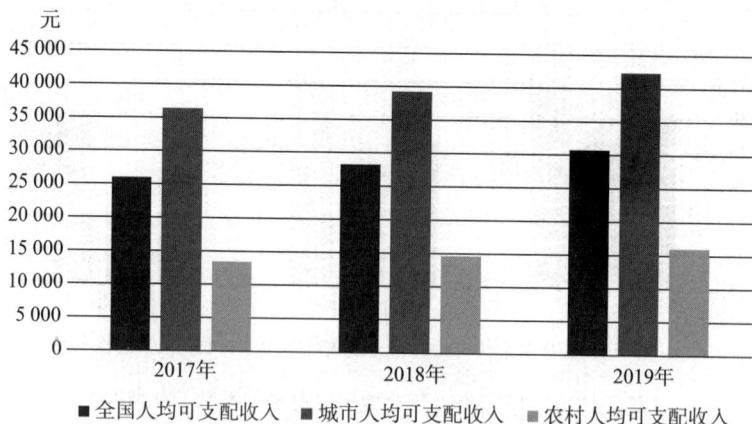

图3-3 2017—2019年人均可支配年收入

注：1. 以上数据均来源于国家统计局统计公报。

2. 以上数据取平均值，实际上农村贫困人口的人均年收入数字更低。

上升趋势。但不可否认的一个现实问题是，城市平均收入始终是农村平均收入的三倍左右。也就是说，城市和乡村之间的收入差距将会长期存在，并且还存在进一步扩大的可能。就收入水平来讲，除非农村地区出现高位增长，达到50％以上，才有可能在较短时期内赶上或超过城市收入水平。显然这是不大可能的。

正是基于这种现实，乡村振兴战略提出"城乡收入比"这一指标，要求通过各种方法、各种途径来缩小城乡收入差距。从确定的具体指标要求来看，2020年，城乡收入比要保持在2.69，也就是说，城市平均收入2.69倍于农村平均收入；到2022年，城乡收入比要降至2.67。这是一项预期性指标。2018年的统计公报显示，农村的平均收入增速略高于城市，[①] 已经实现城乡居民收入比降至2.69，提前实现了指标要求。到了2019年，城乡收入比进一步缩小为2.63，农民增收目标进一步得到巩固。因此，随着乡村振兴战略的实施，到2022年，城乡收入差距应该会进一步缩小。

（三）农村自来水普及率显著提高

农村自来水普及率是指农村地区实行集中供水覆盖范围的大小，是反映农村地区集中供水普及程度的重要指标。水资源丰富的地区的经济社会发展水平要高于水资源贫乏的地区，这也是我国大力兴修水利、加强农田水利建设的重要原因。对于农民生活富裕来讲，强调农村自来水普及率有重要意义。

虽然世界上四分之三的面积为水所覆盖，但淡水的供应并不充分，且分布极不平衡。我国更是一个水资源分布极不平衡的国家，并且因此影响到了地区的生产生活。对于农村地区来讲，长期以来，生产生活用水以地表水为主，饮用水则以自挖机井为主。但在水资源比较贫乏的地区，无论生产用水，还是生活用水，只能依靠地表水，甚至在西北地区，大多数只能依靠雨水来解决农业生产用

---

① 2016—2018年，城市居民平均收入分别较上年度增长7.8％、8.3％、7.8％；同期农村居民平均收入分别较上年度增长8.2％、8.6％、8.8％，分别高于城市0.4个、0.3个、1个百分点。

水和日常生活用水。尤其是生活用水，从做饭，到饮水，大都只能靠雨水来解决，可想日常生活之艰难以及生活水平的不理想。而且，地表水、机井水、储存的雨水，其卫生状况极其堪忧，用之于日常饮食，势必对农村居民生活带来诸多隐患。地表水、浅层地下水、存储雨水都是极容易被污染的，而其中对人们身体健康威胁最大的污染物就是微生物。水源被微生物污染是过去传染病流行的最重要原因，直到如今，这仍然是世界上许多落后地区的重大危险。正因为如此，我国这几年加大力度对农村地区的生活用水进行整治，大力推进农村地区的自来水普及工程，取得了很大的成就。因此，在农村饮水安全工程实施后，2016年农村地区的自来水普及率已经达到了79％以上。基于此，在乡村振兴战略中，确定了"农村自来水普及率"这一指标，要在2020年达到83％；到2022年，这一指标要达到85％。这是一项预期性指标，随着国家不断加强农田水利建设和投入，以及国家对农村地区饮水工程建设和投入增加，这一指标应该会提前实现。

（四）实现村村通公路目标

俗话说：要想富，先修路。便利的交通条件是乡村地区发展的坚实基础，所以务必要作为发展的基础和重要内容。有了便利的交通，农村居民生产生活都能够有极大的便利，对生产、生活都至关重要。

对于农业生产来讲，有了便利的交通，农民可以及时将农业生产物资运回村，投入到生产当中；能够及时将农产品、农作物运往城市销售，在最好的销售时机进入市场，以卖得一个好价钱，最大限度地增加农民的收入。

对于农民来讲，有了便利的交通，在生活中就不会因为交通不便而受到阻碍，就能够与城市生活接轨，在互通有无间体会到幸福生活的获得感。

对于农村经营来讲，有了便利的交通，将会极大地吸引外来资金和资源，能够吸引外来旅游资源，这样，特色型农业经济有了较为丰富的物质基础，外向型农业产业也有了较为稳定的发展空间。

农村地区的"村村通"工程开始于在 1999 年。随着"村村通"工程的实施，农村地区的交通条件得到极大改善，原先的农村泥泞小路变成了较为宽敞平整的水泥路、柏油路；原来物产出不去、物资进不来的状况得到较为彻底的改观；农村地区也凭借淳朴的风土人情、质朴古拙的乡村风景，吸引着诸多城市人口到农村地区休闲、娱乐。

乡村振兴战略根据乡村建设发展的需要和实际，确定到 2020年，具备条件的行政村实现 100％"村村通"。这是一项约束性指标，只能按时完成。由于我国地区差异大，地理条件不同，因而这一指标要求实施起来还有较大的困难，需要国家和各级政府不懈努力，加强投入、建设，确保按时完成"村村通"目标要求。

二、生活富裕目标的实现途径

生活富裕是实施乡村振兴战略的根本目标，也是实现全社会共同富裕的必然要求，是建设富强、文明、和谐社会的根本要求。因此，不管是农村基层组织，还是农村居民，都以过上好日子，过上小康生活为生活富裕的判断标准。由于各地方实际情况不同，生活富裕的实践基础不同，各地生活富裕目标会存在一定的差异，因此都在探索实践适合本地方实际的生活富裕之路。但基本上来说，生活富裕目标的实践应当包括以下内容。

（一）坚持以实现共同富裕为目标

早在 1953 年，毛泽东在关于发展农业合作社的指示中就指出，要通过农业的社会主义改造，使农业发展起来，"使农民能够逐步完全摆脱贫困的状况而取得共同富裕和普遍繁荣的生活。"[①] 毛泽东还多次指出，中国共产党领导中国人民坚持实行社会主义制度，进行社会主义建设，就是为了实现富，共同的富。中华人民共和国成立初期，党中央已经高度关注农业发展，并通过农业的发展，实现农民摆脱贫苦，走上富裕之路，过上普遍繁荣的生活。共同富裕

---

① 资料来源：1953 年《中共中央关于发展农业生产合作社的决议》。

正式成为中国人民的共同目标。

邓小平在主持中央工作的时候，多次强调指出"贫穷不是社会主义"。结合当时中国发展的实际情况，结合各地不同的资源和其他条件，创造性地指出，要鼓励一部分地区一部分人先富起来，先富带动、帮助后富，最终达到共同富裕。邓小平强调："我的一贯主张是，让一部分人、一部分地区先富起来，大原则是共同富裕。一部分地区发展快一点，带动大部分地区，这是加速发展、达到共同富裕的捷径。"① 邓小平多次分析了共同富裕的奋斗目标，并指出实现共同富裕目标的奋斗道路。邓小平关于共同富裕的目标成为社会主义的本质特征之一，成为党领导经济社会建设的基本原则之一。

江泽民在党的十四大上指出，在促进经济发展的同时，要鼓励先进，促进效率，合理拉开收入差距，同时还要防止两极分化，逐步实现共同富裕。到了 1998 年，江泽民的探索实践共同富裕实现之路的时候，又指出："在整个改革开放和现代化建设的过程中，都要努力使工人、农民、知识分子和其他群众共同享受到经济社会发展的成果。"② 共享发展成果，是共同富裕的具体体现，也是共同富裕的基本要求。党中央的一系列扶贫政策，都是为了实现共同富裕的社会主义奋斗目标提出的。

胡锦涛高度关注共同富裕的目标，总结提出科学发展观，强调要通过统筹城乡发展、区域发展等，最终实现全社会的共同富裕。科学发展观强调以人为本，"要始终把实现好、维护好、发展好最广大人民的根本利益作为党和国家一切工作的出发点和落脚点，尊重人民主体地位，发挥人民首创精神，保障人民各项权益，走共同富裕道路，促进人的全面发展，做到发展为了人民、发展依靠人民、发展成果由人民共享"。③ 党中央、国务院不断探索实践共同

---

① 资料来源：1986 年，邓小平在天津视察工作时的讲话。
② 资料来源：1998 年，江泽民在中共十一届三中全会 20 周年纪念大会上的讲话。
③ 资料来源：党的十七大报告。

富裕之路，确立"多予、少取、放活"方针，连续出台中央 1 号文件，[1] 为农村发展和振兴，为农民生活条件改善、生活质量提升，为加快农村基础设施建设步伐、加强农村生活环境整治，提供政策支持和保障，为广大农民在实现共同富裕目标的奋斗保驾护航。

习近平同志指出，消除贫困、改善民生、实现共同富裕，是社会主义的本质要求，是我们党的重要使命。[2] 习近平在带领中国人民实现共同富裕目标的奋斗中，提出了"精准扶贫"的政策，要通过聚焦精准、深化帮扶，通过政策支持，通过物质帮助，通过智力帮扶，最终打赢脱贫攻坚战，实现共同富裕。在党的十九大上，习近平再次向全社会发出历史强音：到 2050 年，全体人民共同富裕基本实现，我国人民将享有更加幸福安康的生活。

共同富裕是中国人民的奋斗目标，也是中国人民的美好未来。广大农民是共同富裕奋斗目标的主体，是主要的组成部分，要在国家政策支持、帮扶下，充分发挥自身主体性、积极性、主动性，不断实现生活富裕的小目标，最终实现共同富裕的大目标。

（二）坚持以增产增收促生活富裕

从经济学的观点来看，"富裕"表明个体占有的财产多，拥有较多数量的金钱、物资、房屋、土地等。对于农村居民来讲，生活富裕是实实在在的手中有粮，家有存款，收入稳定，衣食无忧，还有稳定可靠的收入来源。对于财富而言，或许不是庞大的数字，更重要的是在社会中能够从容，能够过自己想要的生活。

对于农村居民来讲，生活富裕最重要的评价指标就是拥有财富的多少。换句话讲，拥有的财富越多，就表明生活越富裕。对于农村居民来讲，实现生活富裕，最主要的就是增产增收，即粮食大丰收，产量稳中有升；有稳定可靠的非农收入，能够使自己的钱袋子鼓起来。

对于增产来讲，随着现代农业科学技术的发展和应用，无论是

---

[1] 2004—2012 年，连续九个中央 1 号文件都以"三农"工作为主题。

[2] 资料来源：习近平在 2015 年 11 月 27 日中央扶贫开发工作会议上的讲话。

主要粮食作物，还是经济作物，均有适应气候、土壤、环境特点的新作物研发出来，并投入种植。只要能够按照新品种的种植要求进行耕作，而不是以传统耕作方式从事生产，则粮食及经济作物的增产将会成为现实。此外也要敢于尝试新品种，尝试新的耕作方式，不断促进增产，以实现增收的目的。

对于增收来讲，随着人们观念的调整和转变，随着人们对新生事物的了解和接受，农村居民的收入来源越来越广泛，收入越来越多，也越来越稳定。目前，农民开始在国家政策支持下，大力发展新型农业经济和农村经济，在不断向土地要效益的同时，还因地制宜地发展复合型经济，比如农业间作，比如乡村旅游，比如休闲农业，比如观光农业，比如生态农业，等等，这些新型生产经营方式，极大地丰富了乡村的经济业态和经营模式，也极大地促进了农村居民的经济收入。尤其是互联网，现在不断的进入乡村地区，足不出户知天下，极大地开阔了农村居民的视野。随着"互联网＋"经济的发展，"互联网＋农业"也已经成为农业、农村经济发展的新的高速增长点。农村地区丰富的物产开始大量走出乡村，走过沟沟坎坎，走进了城市，走进了高端的商场，成为乡村经济新的增长点，成为农村居民新的收入来源。

正是得益于国家不断加大的政策支持和保障力度，"三农"事业的发展正处在一个越来越好的时代，迎来了最好的发展时机。有党的富民政策保障，有政府得力的帮扶和支持，生活富裕的目标正在成为现实，并将最终实现共同富裕。

（三）坚持以产业调整促生活富裕

习近平总书记曾经指出，要推动乡村产业振兴，紧紧围绕发展现代农业，围绕农村一二三产业融合发展，构建乡村产业体系，实现产业兴旺，把产业发展落到促进农民增收上来，全力以赴消除农村贫困，推动乡村生活富裕。从总书记的讲话中我们可以看出，农村地区必须发展现代农业，推进产业融合发展；并通过产业调整升级和发展，促进农民增收，不断促进生活富裕目标的实现。

要想实现富裕，必须转变观念，从"土里刨食"的窠臼中跳出来，向多种经营、复合经营、新型经营要效益。农村居民应当抓住大好机遇期，积极调整农业种植结构，调整发展思路，实现生活富裕的目标。

对于一二三产业的融合来讲，就是农产品生产业、加工业和销售服务业的融合。融合，就是紧密关联，相互依存，相互促进。2015年国务院办公厅下发《关于推进农村一二三产业融合发展的指导意见》，指出"推进农村一二三产业融合发展，是拓宽农民增收渠道、构建现代农业产业体系的重要举措，是加快转变农业发展方式、探索中国特色农业现代化道路的必然要求。"① 文件强调要树立现代农业发展理念，下大力构建现代农业生产与工业、服务业交叉融合发展的现代新型产业体系，从而形成城乡一体化的农村经济发展新格局，不断促进农业增效、农民增收和农村繁荣，推动生活目标的实现。

农村产业调整升级，需要在技术创新上，经营模式创新上，产业结合融合上，因地制宜，探索新路子、新方法，增强产业发展实效。通过持续的政策支持，最终实现《指导意见》所确定的"到2020年，农村产业融合发展总体水平明显提升，产业链条完整、功能多样、业态丰富、利益联结紧密、产业融合更加协调的新格局基本形成，农业竞争力明显提高，农民收入持续增加，农村活力显著增强。"②

（四）坚持以结构优化促生活富裕

农业发展是乡村振兴战略的核心内容，同时对生活富裕目标的实现具有决定性的作用。因此，务必要加强产业结构优化，实现农业振兴。所谓农业产业结构优化，是指通过农业产业调整，使农业生产各要素、各环节间实现协调发展，促使农业发展同现代农业发展目标相适应，同农业经济发展目标相适应。产业结构优化的核心在于开发利用最优的资源，进行最优的组合，实现最大的效益。

---

①②　资料来源：2015年12月30日，国务院办公厅下发《关于推进农村一二三产业融合发展的指导意见》，这是推进农村产业融合、调整升级的指导性文件。

农业产业结构是现代农业发展的核心，是农业生产效益、社会效益、生态效益的决定性因素，是决定农业生产效率的重要环节。因此，发展现代农业强调产业结构调整，以适应不断发展的国内外农业市场的需求，适应新阶段农业发展的客观要求，促进农业资源的合理开发和利用，从而实现农民收入增加的目标，为生活富裕目标的实现奠定坚实基础。

具体来讲，农业产业结构调整，要坚持以市场需求为导向，这是农产品走出农村、走向市场的必然要求，这就要求政府及时提供信息指导，农民则要瞄准市场需求调整、优化产业结构，合理确定种植业、渔业、畜牧业、养殖业、林业的发展比例和规模。农业产业结构调整，还要注重发挥地域优势和特色，突出本地区具有竞争力的拳头产品，增强市场竞争力。最忌讳的就是大而全、小而全的全面经营，不仅无助于生产经营收入增加，反而会导致资源浪费，因此要坚决杜绝"好钢不能用在刀刃上"的现象。农业产业结构调整，还要不断加大科技投入和应用，实现科学技术第一生产力对农业发展的促进作用，通过应用科学技术促使传统农业产业焕发新的生机和活力。农业产业结构调整，还要结合国内外市场环境，农业生产自然地理环境，不断增强农业生产的抗压能力。当然，这需要政府的政策支持。

（五）坚持以综合发展促生活富裕

农村地区的振兴和发展应当是整体性发展，综合性发展。这就要求在实现乡村振兴的战略中，要注重在实现一二三产业融合发展的基础上，实现人的发展、生产的发展、生活的发展、文化的发展、组织的发展、基层社会的发展，以综合性的发展奠定生活富裕的坚实基础。

党的十八大报告提出，全面推进经济建设、政治建设、文化建设、社会建设、生态文明建设，实现以人为本、全面协调可持续的科学发展。国家的建设发展如此，农村地区的振兴和发展同样要走综合发展之路，推动生活富裕目标的实现。

生活富裕首先体现为经济发展，农民手中有存款，兜里有钱花。这是生活富裕最直观、最质朴的表达。这需要发展以农业为核心、多种产业经营共存的农村生产经营模式，不断促进农民收入的增加。

生活富裕需要有一个坚强的领头人，加强组织建设，充分发挥基层党组织的组织、领导作用是生活富裕目标是实现的政治保障。实施乡村振兴战略时，基层组织要成为基层生活政治建设和政治生活的中心，以敢于担当、敢于创新、敢于争先的责任心，带领农村居民实现生活富裕目标。

生活富裕需要文化教育的发展，并由文化建设和发展提供智力支持。农村的发展，需要新思路、新方法、新举措，这是实现乡村社会快速发展、缩小城乡差距的要求。我们常说：再穷不能穷教育，就是因为我们已经充分认识到现代科学文化知识对于促进发展、促进生活富裕的重要作用。有了文化教育的发展，新的农业科技就可以广泛应用，不断提升农业生产经营效益。

生活富裕需要乡村社会秩序安定。长治久安，安居乐业，这是乡村社会文明发展的体现。在安定有序的环境中，外部资源、资金才能涌入农村，在农村地区落地生根，开花结果。在安定有序的环境中，农村居民才能安心生产，安心生活。

生活富裕需要优良的农村生态环境，这样才能保证农村生活的质量。生态环境建设是农村地区生活富裕的基础保障，良好生态下的生活富裕才有质量保障，才是品质的体现。因此，加强生态环境建设和整治，将会大大提升农村生活品质。

三、生活富裕目标的意义

对于农民来讲，生活富裕的目标是发展农业生产的动力，是辛勤劳动的价值所在。生活富裕的目标，让农民觉得农业有未来，日子有奔头。对于农民来讲，生活富裕是一种状态，更是一种希望。

（一）生活富裕是共同富裕的生动体现

党领导中国建设和发展的过程中，一直都强调共同富裕。虽然在不同的历史发展阶段，在不同发展环境和水平下，关于共同富裕的内涵、实施路径、具体目标等有所差异，党领导人民实现共同富裕、让全国人民都过上安乐富足的生活的目标却是一致。强调共同富裕，是社会主义优越性的具体体现，是中国人民共同的生活追求。

对于农民来讲，生活富裕尤其具有重要意义。长期以来，由于环境的影响，生产方式的影响，基础设施的影响，医疗教育资源的影响，城乡之间存在着较大的差异，而且这种差异是全方位的，导致农民的生活水平同城市居民相比差了一大截。在许多村民看来，理想的生活就是像城里人那样，吃喝不愁，生活丰富多彩，有活儿干，有钱赚，有节假日，有娱乐休闲的场所，等等。这些周而复始、天天重复的日子，城里人觉得寡淡无味，而在农村居民看来，却是日思夜想的生活追求。这也是为什么青壮年劳动力不断涌入城市，找寻机会、实现梦想的原因所在。归根结底，这都是由于农村地区生活水平较低，生活较为贫困造成的。在党的富裕政策的支持下，在政府的有力指导下，在社会各界的关注帮助下，农村居民坚持不懈地辛苦劳作，渐渐摆脱了贫困，过上了幸福生活。

孔子曾经说过：不患寡而患不均，不患贫而患不安。城市富不算富，农村富才是真正的共同富裕。对于农村居民来讲，生活富裕目标，是他们辛苦劳作的动力所在，也是希望所在。只有实现生活富裕，兜里有钱了，日子有奔头、有指望了，他们才会更有信心，更有干劲儿。因此，共同富裕特别强调农民的生活富裕。习近平总书记多次强调，农民富，中国才能富。这是对农民生活富裕目标的肯定和定位。农民生活富裕，是党领导农村工作的中心和目标，是为了真正实现全社会共同富裕的决定性因素。只有农民生活富裕目标实现了，农民真正过上他们理想中的富裕生活了，共同富裕的社会目标才能是真正实现了。

（二）生活富裕是小康社会的基本特征

在 20 世纪的 70 年代末 80 年代初，主持中央工作的邓小平同志根据中国社会发展实际和发展水平，提出了"小康社会"的战略构想。从此，小康社会建设目标就成为党领导中国建设和发展的主要方向，成为中国人民为之不断努力的目标。随着一代代人的不断努力，我国的经济发展水平有了极大的提高，无论是 GDP，还是人均收入，都有了大幅度的提升，在实现中华民族伟大复兴的征程中，我们离小康社会的目标越来越近。2017 年 10 月 18 日党的十九大上，习近平总书记作了以《决胜全面建成小康社会，夺取新时代中国特色社会主义伟大胜利》为题的工作报告，为全面建成小康社会吹响了冲锋号。

小康社会建设目标的本质在于以人为本，在于国强民富。小康社会奋斗目标充分体现了人民对宽裕、殷实的理想生活的追求。对于农村居民来讲，更加强调生活富足的生存状态。在不断建设、发展中，中国人离"全面建成小康社会"的目标越来越近，党的十六大提出了六个方面的目标，其中一项就是"人民生活更加殷实"。

何谓"殷实"？就是生活富裕、充实。对于农民来讲，何谓小康？何谓殷实？简而言之，就是生活富裕，就是不愁吃，不愁穿，有学可以上，有病能得到治疗，化肥农药有钱买，农闲时节有收入。对于农村居民来讲，这些才是实实在在的小康，才是看得见、摸得着、感受得到的富裕生活。所以，小康社会的建设目标，在农村，在农民，就是要让他们的生活富裕起来，始终保持"手中有粮"的生活状态。

因此我们强调，生活富裕是小康社会的基本特征。乡村小康社会建设，要围绕农民生活富裕的目标进行。小康社会建设，就是要通过政策支持，通过物资投入，让农民生活宽裕，丰衣足食。

（三）生活富裕是富民政策的必然结果

为了农村发展，农民生活富裕目标的实现，国家制定了一系列的富民政策，助力农村地区的发展，保障农村居民生活富裕。梳理一下近年来的国家富民政策，有农业支持保护补贴政策、农机购置补贴政策、主粮最低收购价政策、种粮补贴政策、高标准农田建设支持政策、"粮改饲"支持政策、农产品产地初加工补助政策、发展休闲农业和乡村旅游项目支持政策、培育高素质农民政策、培养农村实用人才政策、扶持家庭农场发展政策、扶持农业产业化发政策等多项富民政策，其中 2016 年出台富民政策有 50 余项。这些富民政策的实施，大大促进了农村地区的发展，推动了农村居民的生活富裕。

这些富民政策，从不同的角度助力农村地区建设和发展，助力农民增产增收，不断推动农民生活富目标的实现。比如精准扶贫政策，对于助力农村地区脱贫、实现生活富裕目标，发挥了巨大的作用。2014 年精准扶贫政策开始实施，精准扶贫成为国家解决农村地区贫困人口脱贫致富的主要理论指导。通过"谁贫困，扶持谁"政策的实施，全国各地的贫困农户、贫困人口脱贫的速度大大加快，每年减少的贫困人口都在 1 000 万人左右。① 2015 年，习近平总书记在云南考察工作时指出：扶贫开发是我们第一个百年奋斗目标的重点工作，是最艰巨的任务。深入实施精准扶贫、精准脱贫，项目安排和资金使用都要提高精准度，扶到点上、根上，让贫困群众真正得到实惠。得益于精准扶贫政策的实施，国家和社会集中人力、物力、财力，大力推进扶贫攻坚作战，贫困人口、贫困农户也在党的好政策的助力下，实现了脱贫。十八大以来，在精准扶贫政策的推动下，全国农村贫困人口从 2012 年末的 9 899 万人减少至 2018 年末的 1 660 万人，累计减少 8 239 万人，2018 年一年就减少了 1 386 万人。② 在 2019 年的十三届人大二次会议上，李克强总理在政府工作报告中强调指出：2019 年，要再实现 1 000 万以上人口脱贫。相信，在党的政策的指导、指引下，农村生活富裕目标将会更加高水平、高质量地实现。

（四）生活富裕是农业发展的不竭动力

农业生产发展是乡村振兴的根基所在，生活富裕是乡村振兴的根本目标。农业生产的产业结构调整、发展能够极大地促进和保障生活目标的实现，生活富裕目标同时能够极大激发和调动农村居民

---

① 国家统计局的统计数据显示，精准扶贫政策实施以来，每年减少的贫困人口都在 1 000 万人以上。这是非常了不起的成就，充分显示了精准扶贫政策实施的成效。

② 资料来源：国家统计局 2018 年统计公报。

的生产动力和生产的积极性，积极投身于农业生产，为农业生产发展提供源源不断的生产动力。

对于农村、农民来说，农业生产始终是立身之本、生活之源。这是人类社会发展历史在农村居民血脉中、意识中根植的传统，也是农民在日复一日的生活、生产实践中形成的习惯。因此，乡村振兴战略所提出的产业兴旺的农业发展目标，与生活富裕的建设目标相辅相成，是一个有机的整体。

对于农民来讲，在土地上侍弄庄稼，是他们一辈子的事情。即使在生产条件有了根本性改变的今天，即使是已经逐渐习惯于城市生活的状态，对于农民来讲，土地也是他们走到哪里都放不下、舍不掉的牵挂。对于农民来讲，土地不仅是提供食物的来源，更是情感的寄托。正是这种情感的归属，让农业生产有了源源不断的动力。农业生产和发展是未来美好生活的根基，是让日子有奔头的指望，是生活富裕的根本保障。只有实现了农业的发展，土地里才会真正生金，才能让生活富裕的目标早日成为现实。

正是在生活富裕目标的激励下，一代代的农村居民，即使面朝黄土背朝天，即使汗流浃背辛苦劳作，他们依然是快乐的，丰收的喜悦冲抵了辛劳。田野充满希望，付出一分辛劳，就有一份收获。朴素的道理，让农村居民对于农业生产有着近乎信仰般的执着。他们为了丰收的喜悦，为了富裕的生活，不断在黄土地上创造着一个又一个的奇迹，成为农业发展不竭的动力。

第四章

乡村振兴战略规划的设计与组织

　　党中央、国务院擘画的乡村振兴战略，对解决"三农"问题提供根本的指导，是新时期做好"三农"工作的总方略，是实现"两个一百年"目标的根本保障。乡村振兴战略立足中国广大农村地区的实际，提出因地制宜、分类实施的指导方针。各个地区应当根据各自的实际需求，立足本地特色和优势，扎实进行规划和实施，早日实现农业发展、农村振兴、农民富裕。要实现这一目标，就要在党和政府的指导下、领导下，充分发挥乡村居民的主体作用，坚持以人为本，做好乡村振兴战略规划的设计与组织。

　　河南省新乡市辉县市裴寨村位于太行山区丘陵地带，土地贫瘠，资源贫乏，一直以来，村民只能土里刨食儿，经济条件艰苦，生计艰难。2005 年，新当选的村委会主任裴春亮认为："乡村振兴，不能等、不能靠，要主动作为！"在裴春亮的带领下，裴寨村开始艰苦创业、谋求振兴，坚持立足本地发展，逐渐做大做强，从省级贫困村变成全国闻名的富裕村。2010 年，裴寨村正式更名为"裴寨社区"，称为乡村振兴的典型。从裴寨社区发展振兴的过程中可以看出，乡村振兴，一定要坚持从实际出发，坚持立足实际，做好规划，并有条不紊地执行规划，从而实现战略规划目标。

第一节　乡村振兴战略规划的设计与组织概述

　　我国乡村地区的面积占到了国土面积的 94％以上，东西南北差异大，各地的生产传统、资源基础、发展空间等存在诸多的不同。在这种情况下，各地应当根据党中央、国务院的战略规划和部署，在各级党组织的领导下，在各级政府的严密组织下，充分凝聚社会各方力量，做好乡村振兴战略规划的设计与组织工作。

一、加强党对各地规划设计的组织领导

乡村振兴战略规划的设计与组织是各地立足本地实际，因地制宜，确保规划能够真正促进地区振兴的基础与保证。裴寨村在发展和振兴过程中，坚持发挥基层党组织的战斗堡垒作用，坚持用好党的富民政策，有力地领导了当地的发展和振兴。

根据乡村振兴战略规划的要求，党中央统筹制定战略规划的总原则、总目标、总方针、总步骤，领导、指导全国乡村振兴战略的扎实推进。党中央是全国乡村振兴战略实施的领导核心。习近平总书记在党的十九大报告中指出：东西南北中，工农商学兵，党是领导一切的。乡村振兴战略规划正是党领导农业、农村工作的具体体现。在乡村振兴战略规划和实施中，必须始终坚持党的领导，这是保证乡村振兴战略的根本要求。为了进一步强化党对乡村振兴战略实施的领导，《中共中央国务院关于实施乡村振兴战略的意见》特别明确了"坚持党管农村工作"的原则。

坚持党管农村工作原则，就要始终毫不动摇地坚持和加强党对农村工作的全面领导，无论是农业生产、农业产业结构调整，还是农村新型经济形式发展，乡村社会秩序治理，都应当始终服从国家经济建设的大局。

坚持党管农村工作原则，就要健全党管农村工作领导体制机制，依据党内法规开展各项工作，确保各级党组织尤其是基层党组织在乡村振兴战略规划和实施中的核心地位。基层党组织在乡村社会生长，并在基层社会发展，最熟悉乡村社会的运行秩序，也最了解乡村社会的发展基础和发展需求，能够带领和组织农村居民，积极投身于乡村社会的治理和发展，实现乡村社会的振兴。

坚持党管农村工作原则，就是要确保党在农村工作中始终总揽全局、协调各方，为乡村振兴提供坚强有力的政治保障。乡村振兴战略是新时期解决乡村发展和振兴的综合性战略，不仅事关农业发

展、农村振兴、农民利益，同时还与国家建设的大局相关，与党领导国家建设的目标相关，因此，党要统揽全局，要协调社会各方的利益，确保乡村振兴在党的领导下顺利实施。

裴寨社区党支部成员一班人坚持发挥党员先锋模范作用，在工作中不急不躁，充分对村民进行宣传教育，讲政策，讲路子，讲未来，得到了村民的普遍支持，为此后的各项工作的开展和项目的实施，奠定了基础。

二、明确战略实施的各方责任

乡村振兴战略事关国家政治、经济、社会建设的大局，事关国家产业结构调整升级，事关中国社会秩序稳定，事关包括广大农民在内的人民的根本利益。乡村振兴战略的实施，是农民的大事，是农村的大事，是全社会的大事，是党领导社会主义现代化建设的大事。社会各方力量，都是乡村振兴战略的责任主体。

地方各级党委和政府是实施乡村振兴战略的发动者、领导者、组织者、参与者、监督者，集多种角色于一身，担负着实施乡村振兴战略的主体责任。各级领导干部需要担负起自身责任，在推动乡村振兴的进程中，勇于担当，有所作为，积极解决实施乡村振兴战略中遇到的各类问题、各类障碍，成为农村居民在实施乡村振兴战略中的主心骨。

不同的地区有不同的发展基础、发展环境、发展资源、发展目标，各地区应当根据党中央、国务院《乡村振兴战略规划（2018—2022年）》的总要求、总原则、总部署，因地制宜，科学编制本地的乡村振兴战略规划，制定符合地区实际的实施方案，细化各项政策措施，扎实推进本地的乡村振兴，切实实现乡村振兴战略规划确定的总目标。

各部门要分工负责，各司其职，分类实施，配合乡村振兴战略的实施。乡村振兴战略涵盖基础建设、商业服务、农资保障、基本医疗和教育、信息服务、农技服务、水利建设等诸多方面，各职能部门要结合职责，细化乡村振兴战略实施的目标、任务，确定工作推进机制，为乡村振兴战略提供坚实的保障，确保乡村振兴战略目标早日实现。

农村居民要端正态度，认识到乡村振兴战略的重大意义，正确对待利益得失，服从乡村振兴战略的大局，做到爱农业，爱农村，强化乡村振兴战略实施中的主人翁意识，充分发挥自身的积极性、能动性，全身心投入到乡村振兴的伟大事业中去。

裴寨村村民在村党支部的领导下，提前谋划，提出了"宜工则工、宜农则农、宜商则商"的发展思路，千方百计增加村民收入。裴寨村民也在党支部的领导下各展所长，各显其能，积极投身于农业、工业、服务业项目，裴寨村的经济得到了快速的发展。

三、确保实施乡村振兴战略的可操作性

党中央、国务院部署实施的乡村振兴战略规划，是基于一般情形提出总的要求，并没有对各地的实际的情况和现实的基础做出明确规定。这就要求各省市、各县乡根据党中央、国务院乡村振兴规划战略的总要求、总原则、总目标，制定本地区具体的、可操作性强的发展规划、实施方案等，确保乡村振兴战略总目标按时间节点顺利实现。中国农村差异太大，发展、振兴基础不同。东南沿海地区，基于丰富的资源、便利的交通、通畅的信息、完善的设施、优美的环境，让农村地区愈发显示出吸引力，土地成为聚宝盆，城里人想到农村去做"农民"。但西部地区、边远地区的乡村，还是比较贫困的。资源不丰富，基础设施差，生活不便利，环境较为恶劣，因而农村正失去其吸引力，导致很多农民想进城、上楼，像城里人一样过日子。这些差异是现实存在、不容忽视的，这也决定了在制定乡村振兴具体实施计划中，要因地制宜，要实事求是，坚决杜绝"一刀切"，要在尊重地区差距的前提下，确保各地区的方案、计划的可操作性。

强调各地区乡村振兴方案、计划的可操作性，目的是让最优质的资源得到最有效的利用，实现效益最大化，确保乡村振兴战略规划能得到有效的实践。目前，国家为实施乡村振兴战略投入大量的

人力、物力、财力，集中各方力量，全力推进这一伟大工程。如何实施，如何推进，如何取得实质进展，各地都想了主意，制定了政策，细化了责任，都取得了较为突出的责任，但在实践中还存在一些不够科学合理地方，比如乡村环境整治，有些地方就是把临路的房屋统一进行了外粉刷，而进入村庄内部，仍然是垃圾随处可见，电线乱拉乱扯，根本就难言美丽、宜居。因此，在制定具体的乡村振兴实施方案、计划时，要有可操作性，让农村居民切实感受到变化。

根据裴寨村领导班子确定的"宜工则工、宜农则农、宜商则商"的发展思路，裴寨村村民在当家人、领路人的组织下、领导下，做强工业，做优农业，做活服务业，使裴寨村成为乡村振兴的先进典型。

首先是做强工业。村党支部通过多方调查论证，考察市场需求，利用当地山石资源，引进建设了春江水泥公司，吸引村民和周边村庄村民就业，增加收入，也促进村庄经济发展。此后，裴寨村又在春江水泥公司生产经营的基础上，全体村民入股投资，组建拥有金融、化工、铸造、宾馆等多家企业的春江集团，探索走多元化、规模化的发展之路，经济发展获得提速，村民收入明显增加。

其次是做优农业。由于地处山区丘陵地带，土地贫瘠，传统农业生产基础薄弱，裴寨村农业发展前景并不理想。因此村党支部从实际出发，规划了两个占地 50 余亩的花卉大棚，主要由农业生产技能突出的村民负责，种植市场需求旺盛的红掌和非洲菊，从而改变了村里的种植结构。在积累经验的基础上，裴寨村又根据市场实际需求，发展高效设施农业，种植优质无公害蔬菜，建设示范性温室大棚 170 座、370 余亩；此后又建成一个占地 1 000 亩的高效农业种植区。

最后是做活服务业。裴寨村还积极发展乡村旅游，根据地方实际，在村庄外围临路区域规划建设了商业街，发展集旅游、休闲、采摘、观光、住宿、教育等为一体的乡村旅游，吸引了本村和周边村庄村民前来经商，不仅有效转移、消化了农村剩余劳动力，同时也进一步拓宽了裴寨村的发展空间。

四、加强对实施乡村振兴战略的监督、考核

国家为推进、实施乡村振兴战略投入了大量的人力、物力、财力；实施乡村振兴战略会是一个较长的时期，要做好监督、考核工作，以监督促职责履行，以考核促工作热情，通过有效的建章立制，为各部门、各工作人员的工作保驾护航，切实增强职能部门的责任意识、担当意识，切实增强每位一线工作干部、群众的使命感、荣誉感，扎实推进乡村振兴战略。

目前，关于乡村振兴战略的规划和实践，并未设置统一的考核评价机制，但是，为了扎实推进乡村振兴战略，确定目标责任制、考核评价制度也是必要的。根据政府的政策导向，地方党委和政府是乡村振兴的主体责任承担者，应当对本地域乡村振兴战略实践情况承担责任。上级党委和政府也有必要对下级党委、政府及其负责人，以及各级职能部门负责人进行必要的考核，并将考核结果作为领导班子和领导干部综合考核评价中的重要内容。根据党中央、国务院《乡村振兴战略规划（2018—2022 年）》，乡村振兴包括"产业兴旺、生态宜居、乡风文明、治理有效、生活富裕"五个方面二十二项主要指标。这些指标中，有约束性指标，有预期性指标。无论是哪一类指标，都是对各职能部门、各工作人员工作重点和工作方向的明确。但是，这些指标是一般性、普遍性指标，各地应当根据这些总的要求，因地制宜建立客观反映当地乡村振兴战略实践的个性化、具体性指标和统计体系，并严格予以落实、适时进行评估。这样，通过考核评价机制的督促和监督，能够有效增强各级党组织和政府、各职能部门工作的责任感、紧迫感。

这些目标实现起来难易程度不同，各地的条件和资源不同，实践的过程也存在诸多差异。这就决定了在进行考核、评估的时候用一套标准，评价每个地区的工作成效。科学的做法是，根据目标要求，结合地区实际，制定出符合实际、为公众认可、为职能部门接受的考核要求，以此推动乡村振兴任务完成，早日完成各项目标

任务。

在进行考核、评估的过程中，还应当明确阶段性任务、阶段性指标。乡村振兴战略规划包括短期目标、中长期目标，每个时期的目标有不同的指标要求。因而要明确主体责任和进度要求，加强经常性的检查、监督，并适时组织考核，督促各项短期、中长期目标如期完成。

第二节　调查、论证与设计

乡村社会在整个中国社会中具有重要地位，是农村居民的生长家园，是城市居民的精神依归，为工业、第三产业提供劳动力、原材料，同时还传承、延续优良的民族传统文化。因而乡村社会具有不可替代的价值，地位十分重要，不可忽略。这种精神、文化、经济价值，决定了各级组织、各级政府在谋划本地乡村振兴战略时，要科学、严密地组织调查、论证、设计。

一、周密组织社会调查

没有调查就没有发言权。周密、细致的调查研究，是做出科学决策，保证决策、措施、方案成功实施的基础。周密组织社会调查，是确保乡村振兴战略规划具有针对性、可行性、实效性的要求。无论是采用入户调查、问卷调查，还是采用田野调查、实地走访等，都是为了获取第一手的真实资料，为规划、方案的制定提供参考依据，确保制定出的规划、方案具有针对性、可行性。各地区可以根据实际需要，采取不同的调查方法，获取第一手数据、资料。

（一）入户调查

入户调查是获取第一手数据最直接、最有效的调查方法。

入户调查法是指调查员直接进入被调查者的住宅中，对被调查者本人或其家庭成员进行直接提问的调查方法。入户调查法的优点是可以在相对安静的环境中实施调查活动，被调查者回答问题比较从容，在家里，有其他家庭成员协助，可以准确地回答与家庭生产、生活密切相关的提问。[①]

入户调查法的优点显而易见。调查人员就需要了解的信息，面对面和农村居民进行交流，获取的数字、数据相对比较真实；调查人员还可以在调查范围之外，通过同调查对象的交流，较为全面地了解被调查者对乡村振兴战略意义、作用了解程度、接受程度等；被调查的农村居民就调查中不理解的问题，可以向调查人员咨询，获取满意的答案。

入户调查法的缺点同样显而易见。首先是入户调查要有大量的调查人员，人力需求比较大，这是制约采取入户调查法的一个原因，尤其是在各级政府、职能部门工作任务繁杂但工作人员有限的情况下，这种方法不适宜广泛采用。其次是调查人员要挨家挨户走访调查，面对面进行交流，有时还要进行问题解释，会大大降低调查效率，在时间紧、任务重、被调查人员众多的情况下，采用这种方法也不太合适。再次是调查人员往往从职能部门抽调工作人员，对被调查的农户、农村居民不熟悉，就需要乡村干部陪同，在乡村干部在场的情况下，被调查人员能否畅所欲言，把所思所想真实地呈现出来，也是有疑问的。最后就是农村居民和调查人员彼此陌生，往往怀有戒心，在无法确认调查人员的身份、目的、调查的意义、作用等问题前，是否接受调查也是个疑问。

综上所述，入户调查法优缺点同样明显，如何衡量，如何选择，需要组织者认真考虑。从理论上来讲，对那些事关农村居民切身利益的事项，可以采取入户调查法。比如上马新项目、引进新品种、基础设施建设和维护等，因为与每个人的利益相关，农村居民最为关注、也最为感兴趣，会比较乐于表达自己的意见、建议。这样，各级组织和政府，在制定乡村振兴战略规划时，就可以吸收、采纳农村居民的真实想法、意见、建议，确保规划的针对性、可操作性，最大限度地获得群众的认可和接受。

[①]　罗子明.消费者心理学（第二版）[M].北京：清华大学出版社，2002.

(二) 问卷调查

问卷调查法是目前组织社会调查中较为广泛使用的一种方法，就是通过设置问卷的方式，就所要了解的信息，设置不同类型的问题，让被调查人员根据问卷提示进行作答，调查人员根据答案，整理出自己需要的数据信息，为进一步的研究或决策提供参考的一种方法。问卷调查方法之所以广泛采取，是因为这种调查方式有灵活的适用形式，调查的对象广泛，所得数据更具有广泛的代表性，能够较为全面地反映不同调查群体的真实情况。乡村振兴战略的规划和实施，事关农村地区群众的切实利益，采用问卷调查的方法是一种可靠的方法。

调查问卷的设计制作具有针对性，一般为决策所需要了解、关注的信息，进行直接的资料收集。无论问答式的调查，还是选择式的调查，都能较为客观地反映调查需求。而且，问卷调查法的形式也较为灵活，可以面对面进行问卷调查，也可以邮寄调查、网络调查，可以个体调查，也可以集体调查，因而可以广泛地采用。更重要的是，问卷调查往往采取匿名的方式，被调查人员往往会抛却身份顾忌，真实反映自身对问题看法、意见。

当然，关于乡村振兴战略规划所做的调查，在农村地区实施的时候，也面临一个现实的尴尬，就是接受问卷调查的农村居民由于文化水平较低，对于问题的认识和理解，往往会出现偏差。这主要是因为提出问题者与回答问题者往往有不同的考虑问题的角度，所答非所问、所问非所答的现象肯定会存在。另外一个无法回避的问题是，接受问卷调查的人员的文化水平会是一个很大的制约问卷调查数据采集有效性的因素。这主要是因为在现有的社会环境中，乡村中的青壮年劳动力外流现象相当突出，农村生产生活的主体是老人、妇女、儿童；而他们对调查问卷的接受、完成情况并不会很乐观。

因此，如果在做乡村振兴战略规划前开展问卷调查，就要先确定调查对象的范围，要结合调查对象的实际情况，用通俗的语言甚至是口语化的语言，设置通俗易懂、易于为农村居民理解和接受的问题。只要这样，才能体现出问卷调查法所体现的详细、完整、易于把控和梳理的优点，才能获取尽可能多的有效信息。

（三）田野调查

田野调查法是农业农村工作常用的方法。顾名思义，田野调查法就是深入到田间地头，深入农村居民中，广泛收集农业生产、农田水利建设、农业基础、农业生态环境等诸多基本信息，为乡村振兴战略的规划和方案制定提供参考依据的材料收集方法。田野调查法要求调查人员到田间地头，到农村居民中去，通过自己的观察、实践、参与，深入了解乡村的基本生产生活状况和乡村社会生态，获取最具真实性、可靠性、直接性的数据信息。

田野调查法要求调查者亲身参与、观察，这是获取真实、可靠信息的保证。只有深入其中，才有切身的感受和体会，在此基础上所制定的规划、所拟定的方案，才会更加真实地体现农村居民的所思所想、所需所求；这样的规划、方案，才能最大程度地得到农村居民的认可和接受，才能在实施过程中得到支持。这是田野调查法的优点所在。

但是，田野调查法要想真正实现其价值，就需要调查人员至少在调查地区深入地生产、生活 1～2 年时间。这意味要投入较多的时间成本、花费较多的精力。这就决定了在筹划乡村振兴战略的方案、计划的时候，不可能大规模采取此种方法。

因此，田野调查法的运用，要根据工作的具体节点要求和方案侧重点，科学分析后做出选择。从乡村振兴战略规划所提出的目标要求来看，只有那些农村居民最为关心、关注的目标，以及产业结构调整、升级等最具有广泛影响力的内容，才有必要采取这种相对来说效率较低、效益较高的方法。

（四）走访调查

走访调查法也是一种收集第一手数据的方法，与田野调查方法不同，走访调查法更多是在规划、方案开始实施后适用，目的在于评估规划、方案实践的基本情况，为规划、方案的进一步调整和完善提供参考和依据。

乡村振兴战略在实施的过程中，还存在哪些薄弱环节，还存在哪些突出问题，农村居民对战略的认可度、接受度如何，农民迫切需要解决的问题是什么……这些问题不是坐在办公室看看文件就能把握和解决的。这些问题的解决需要走到乡村振兴战略实践第一线去，需要深入到农村居民生产、生活中去。走访调查法正是这样一种进行实地考察、评估乡村振兴战略实施的方法。采用走访调查法，首先要确定调查的目的、范围、核心、方式；其次是要确定走访调查的对象选取；最后还要确定走访调查的时机。调查人员采用走访调查法，能够直接感受调查对象的客观、真实的状态，能够对调查事项形成直接、生动、具体的认识，从而获取第一手资料。这是走访调查法的优点所在。

走访调查法也具有一定的不足，主要是在走访调查的过程中，调查对象是否配合并予以客观回应的问题，以及在调查中所获取的信息能否具有普遍性的意义。也就是说，一时、一事、一人、一地的调查信息，可能并不具有问题的普遍性、必然性，这就为决策者修改完善乡村振兴的具体方案、计划提出了更高的要求。

除了上述几种调查方法外，还可以采取文献调查法（主要是查证本地所具有的生产生活传统、农业种植的历史及其效益、乡村蕴藏的资源及其开发利用情况等信息）、统计调查法（主要是根据各自然村、各行政村上报的报表，分析某个统计时期内具体的生产、生活走势等信息）、抽样调查法（主要通过抽取一定比例的对象进行调查研究，对收集到的信息进行一定比例的放大）、典型调查法（主要是通过从调查对象中选取具有突出代表性的人、事、物等进行全面、深入的调查，通过典型信息的获取，推论一般的情况），等等。总而言之，调查方法多种多样，每种方法都各有优点和不足之处，究竟采用何种调查方法，从而获得第一手的数据信息，如何选择适合自己的调研方式，更好地开展调查研究工作，需要根据调查目的、调查信息、调查范围、调查对象等因素，综合考量。

二、严密组织项目论证

项目论证是指分析、讨论和验证项目的内容、方案、前景、效益等方面的可行性，并且给出明确的判断和意见。项目论证是项目能否顺利建设、实施、获得效益的前提。乡村振兴战略规划提出的农业产业结构调整升级、农作物种植结构调整、新型乡村产业等，目的在于通过调整实现发展，实现综合效益的提升，实现农村居民收入的增加。由于这些调整、升级等，是对农村地区原有生产结构、生产方式的改变，其如何进行，农村居民是否能够接受并顺利实施，都需要在决策做出前进行严密的论证，尤其是新型产业项目的实施，更要进行严密的论证。

（一）扎实组织情况调查

在组织项目论证前，需要做好材料收集、整理，并进行实际的水文、土壤、气候、生产环境、市场需求、农民劳动能力等方面的调查，确保把真实的情况都汇集到一起，为决策制定提供参考。

强调情况调查的重要性，在于"没有调查就没有发言权"。实践中，农业发展、农村建设的诸多方案、计划都是由政府、职能部门做出的，而机关工作人员在办公室待久了，难免与农业生产一线脱节，对诸多情况不了解。为了防止"屁股决定脑袋"现象，就必须强调通过扎实的调查，经过认真的研究，才能做出决策，才能保证所做出的决策、方案等具有可行性，并有广阔的前景。

对于农村居民来讲，新型生产项目，或者产业结构调整，都是对既有生产、生活的改变，需要重新适应，同时还意味着资金、物资、人力投入，在无法确保效益的情况下，他们总会心存疑虑、犹豫不决。项目论证就要解决这个问题，因为所有的项目，最终的实施者都是农民，只有得到农民的认可、接受，项目才能得到有效实施。

（二）细致进行数据分析

乡村振兴战略具体实施的方案、计划，不是凭空而来，而是建立在调查数据基础之上的。通过前期大量的实地调查、材料收集，对于诸多的数据信息，要认真细致地进行比对、分析，从中筛选出有效、有用的内容，为计划、方案的制定奠定基础。

在进行数据分析的时候，一定要全面，要把有用的信息过滤出来。比如农业种植结构的调整。对于大多数农民来讲，主要种植当地的主打农作物，如小麦、玉米、大豆、水稻等，芝麻等经济作物、果木、中药材等的种植，占比相对较小；毕竟种地的主要目的是解决吃饭问题。虽然国家有种粮补贴，但随着农资价格的上涨，种粮的经济效益并不理想。如果种植有广阔前景和市场需求的经济作物，或者发展家庭农场、休闲农业等，都是不错的选择。这也是各地努力的方向。但是，究竟如何进行结构调整，如何进行产业发展，就需要充分的数据支撑了。比如芝麻的种植，芝麻属于经济价值比较高的农作物，但农民并不会大量种植，主要是因为芝麻这种农作物的产量比较低，且主要以人工为主进行耕作、收割，机械化程度很低，需要大量的人力投入以及场地保障等。这也是农民不会大量种植芝麻的重要原因。此外，芝麻这种作物耐旱不耐涝，如果当地数量充足，降水丰沛，就不利于芝麻的生长。这些数据信息都是要进行细致分析的。没有充分的数据支撑，就难免"好心办坏事"。

（三）周密制定实施方案

实施方案是实施乡村振兴战略的具体要求。国家制定的乡村振兴战略规划具有全局性、原则性，具体的实施需要制定更加详细、具体的实施方案。这是在项目论证中需要完成的工作。

实施方案建立在周密的调查和细致的数据分析基础之上，根据调查的信息和数据分析结果，结合农村居民意愿，周密制定出实施方案。各地方的方案应当具有针对性，可操作性。这就要求方案的制定不能想当然，不能"人有我有"。各地的方案应当是在尊重传统、尊重实际、尊重农民意愿、尊重社会需求、尊重市场前景的基础上，对本地的特色、优势充分予以弘扬，进行时代化的创新、创造。以农家乐为例，前两年农家乐兴起，无论是否具备条件，城市郊区的农村一哄而上，都推出所谓"农家特色"，结果就是没有特色，同质化现象非常严重，去张家、去李家，并没有什么区别，去张村、去李村，结果也都一样。最终这些农家乐的命运就可想而知。个别人为了在无序竞争中生存下去，不惜铤而走险，触犯了国家的法律法规。

因此，制定乡村振兴战略具体的实施方案时，应根据当地的实际情况，综合考虑各方因素，决不能为了上项目而上项目，或者为了完成任务上项目，或者为了应付检查上项目。这些都是劳民伤财的错误行为。

周密制定方案之后，还应当公示，听取社会意见，尤其是农村居民的意见、建议，对实施方案进行进一步的调整和完善。如有必要，还可以听取专家学者的意见、建议。但是，专家、学者的建议仅供参考，不能作为依据。

三、科学进行项目设计

项目设计是根据项目方案的要求，对如何实施方案内容、如何实现方案确定的目标，进行的具体、详细、严格的安排。在设计中，应当对各个环节进行细化，尽可能预计到计划实施过程中可能遇到的各种情形，并明确可行的应对措施。同时，项目的设计还要能够让具体执行计划的人了解并准确执行计划。不同的项目，实施的计划也是不同的。不同的项目，设计中有不同的内容、步骤、标准等。基本上来说，一个完善的计划应当包括：项目目标、实施方案、预算编制、计划执行、计划步骤、实施程序等。

（一）项目目标

每一个项目都有其确定的目标，计划就是为实现目标服务的。这就决定了计划要围绕着项目目标展开。在论证乡村振兴拟定项目的时候，项目目标基本上能够确定下来，接下来就是制定详细的实施计划。对项目目标进行细化，必要时还可对项目进行分解，分解成阶段性目标、分段性目标等。比如，党中央、国务院的《乡村振兴战略规划》就以 2016 年相关数据为基期值，分别选取 2018 年、2020 年、2022 年三个时间点，把目标分解，明确每个时间段应当达成某一目标。这样的分解既能保证最后总目标的实现，同时也可保证每个阶段工作能够稳步推进，减缓工作压力。

各地市在制定计划时，也应当采取阶段性目标分解的方式，在稳步推进项目实施的过程中，还能保证项目实施的质量。

（二）实施方案

计划的主体部分是项目的具体实施方案。通过一系列全面、具体、明确的安排，对乡村振兴的各个项目的目标要求、工作内容、实施方式、工作方法、时间步骤等内容以书面方式呈现，指导各个乡村振兴项目顺利进行。

无论是什么样的乡村振兴项目的实施方案，都应当具有广泛性、具体性、规定性。

广泛性要求项目实施方案能够广泛适用，对各项目能够予以具体指导，指导每个项目顺利实施，以项目带动乡村地区的发展，促进农村居民增收致富。

具体性要求乡村振兴富民项目应当具体，不能是喊口号、做大纲，而应当具体明确到工作内容、目标要求、方法步骤、人员实施等各个环节。

规定性要求则是强调乡村振兴项目一旦明确实施方案，就应当严格按照规定予以落实。无论是什么样的富民项目，都有益于农村地区振兴，有益于农民增收致富；而且，项目一旦实施，就会投入人力、物力、财力，若是不严格按照方案实施，势必造成项目无法实现其目标，造成资源浪费。

（三）预算编制

预算编制是对乡村振兴项目收支计划的拟定、确定及组织。乡村振兴项目有投入，甚至是较大规模的人力、物力、财力投入，才会有收益，才能保证通过项目实施，推动乡村振兴目标实现。

乡村振兴战略需要在建设和发展上加大投入力度，国家和各级政府会加大对基层建设和发展的投入。为了保证每一分钱都花在该花的地方，为了保证每一分钱都实现其价值，编制乡村振兴经费投入和分配预算是必要的。

乡村振兴项目预算要量入为出，把国家和各级政府投入的每一分钱都用在刀刃上。预算编制是综合性预算，投入和支出要尽可能详尽，要明确每一笔资金的用途、范围、标准等。考虑到经济社会不断处于变化中，乡村振兴项目预算应当包括固定预算和弹性预算。固定预算是确保项目顺利实施，弹性预算是为了应对可能发生的变化。

考虑到资金分配和使用的敏感性，各级政府和农村居民都应当对资金使用加强监管，杜绝任何不必要的支出；职能部门应当加强对资金使用的审计，杜绝任何不合理的开支。

第三节　基层组织的角色定位

基层组织包括农村地区基层党组织即村党支部委员会、村民自治组织即村民委员会。上述基层组织即常说的农村"两委"。除了村党支部、村民委员会外，还有村民小组、村务监督委员会等基层自治组织，这些基层组织在农村社会秩序调整和经济社会建设、发展中，有着举足轻重的作用。基层组织是乡村振兴的核心力量，在乡村振兴战略中，广大基层组织既是乡村振兴战略的实施者，更是乡村振兴战略具体实践的领导者、组织者、责任承担者。多重角色定位，决定了基层组织的功能和作用的发挥，对于乡村振兴战略目标的实现有重要作用。

一、强化农村基层党组织领导作用

东西南北中，工农商学兵，党领导一切。党中央站在国家建设和发展的全局，擘画乡村振兴战略。这是农村地区振兴的重大举措，是农业发展的重大举措，是农民发家致富、实现小康生活目标的重大举措。在乡村振兴战略实施中，党对"三农"工作的领导主要通过农村基层组织来实现。农村基层党组织是乡村社会建设和发展的核心，是乡村振兴战略实施的领导者、组织者、实施者，是上传下达的桥梁和纽带，是乡村振兴战略目标实现的战斗堡垒。

农村基层党组织是乡村振兴战略实施过程中党中央联系农村居民的桥梁和纽带。农村基层党组织来自农村居民，根植于农村地区，建立在农村生产、生活基础之上，处在乡村振兴实践的第一线。乡村振兴战略是农业发展、农村振兴、农民致富的重大战略。在乡村振兴战略中，党中央、国务院关于农业发展的方针政策、优惠措施，需要基层党组织大力宣传，广而告之，让农村居民能够详细了解战略的各项具体内容，能够清晰确认各项具体目标。乡村振兴战略是兴农、富农的有力举措，会对农业生产结构、农村生活秩序和状态、农民既得利益等进行调整。实施乡村振兴战略时，农村居民关于乡村振兴有何意见、建议，在发展生产、建设农村过程中，在乡村社会秩序调整和治理中，有何困难；在发家致富、奔向小康生活的奋斗中，有什么美好的愿望，需要基层党组织广泛联系农村居民，及时收集农村群众的意见、建议，一级上传一级，以便于各级党组织适时调整政策，让党的路线、方针、政策能够真正落地，有力推动乡村振兴目标的实现。

农村基层党组织是完成党中央乡村振兴战略任务的战斗堡垒。乡村振兴战略有近期目标，有中期目标，有远期目标，这些目标关乎农业、农村、农民，关乎农村地区建设和发展的全局，时间紧，任务重。如何在短时间内高标准、高质量地完成党中央、国务院的决策、部署，需要基层党组织敢于担当，勇于发挥战斗堡垒作用，带领广大农村群众攻坚克难，早日完成各项任务，实现乡村振兴战略目标。农村基层党组织要在乡村振兴战略实施中，当好广播员，把党的路线、方针、政策向群众做耐心、细致的宣讲、解释，让广大农村居民了解、理解、接受、支持乡村振兴战略；要当好指挥员，采取各种有效的方式把农村居民都发动起来，为实现乡村振兴战略目标共同奋斗；要当好战斗员，要在乡村振兴战略实施中模范带头，有困难带头上，有任务带头干，把党员、党组织的先锋模范作用充分地展示出来，以自身的典型示范，带动群众积极投身乡村建设、发展。

农村基层党组织是乡村振兴战略实践的领导力量。火车跑得快，全凭车头带。实施乡村振兴战略任务繁杂，千头万绪，这些工作需要基层党组织发挥领导核心作用，带领广大农村居民沿着社会主义康庄大道前进。农村基层党组织领导作用，首先体现在对乡村振兴战略具体实践的把关定向。无论乡村地区怎么发展，农民利益如何调整，都不能偏离党中央的政策目标，不能与国家的宪法、法律规定相悖。基层党组织要和党中央的路线、方针、政策保持步调一致，确保党中央的领导在乡村地区得到维护。基层党组织的领导作用其次还体现在对各种利益、矛盾的协调、解决上。乡村的振兴，一头是农村广大群众，一头是乡镇党组织、乡镇政府，以及上级各机关。基层党组织是联络员，要把信息上传下达，要把各方利益、矛盾协调好、解决好。尤其是在农业产业结构调整、资源利用、资金分配使用等热点问题、敏感问题上，更要协调好，解决好。要对乡村振兴各项工作的顺利开展实行统一领导，保证广大农村居民步调一致，共同努力。

二、强化村民自治组织的主体作用

以村民委员会为主要形式的村民自治组织，是农村地区建设、发展中，自我管理、自我教育、自我服务的组织，是村民依法办理自己的事情的组织，是充分实现农村居民当家作主、维护自身合法权益的组织。乡村振兴战略的实施，最终要落脚于农村，落实于广大农村群众。这就决定着，乡村振兴战略的实施，必然要强化村民自治组织的主体作用，激发广大农村居民的自主性、主动性、积极性，积极投身于乡村地区的建设和发展，实现乡村振兴。

村民委员会由村民选举产生，是村民自主处理本村事务、维护自身权益的群众性自治组织。村民委员会在农村社会中发挥着重要作用，在基层党组织、基层政府的指导下，带领本村村民自力更生，勤劳致富，积极投身于乡村建设和发展。村民委员会是村民的主心骨，应在政策理解、执行上以身示范，在农业生产上积极调整，发动集体的力量推动农业现代化生产；在农村环境整治上，通过宣传、教育、督促、监督，发动本村村民从自身行为习惯做起，改变不良习气，维护乡村环境整洁，共同营造整洁、有序的生活空间。

村民委员会还应当发挥自身乡村社会秩序中枢的作用，召集村民共同讨论制定村规民约，并通过宣传和监督，带领大家共同遵守村规民约的规范和约束，共同维护乡村社会秩序。对于日常生产、生活实践中的问题和矛盾，村民委员会要充分进行协调，通过有效的方式公平、公正地处理，为生产、生活创造良好的环境，维护和谐的邻里关系。

另外，村民委员会在乡村振兴战略实施中，还要充分发挥积极协调、沟通、领导作用。村民委员会由村民选举产生，为村民服务，受村民监督。自家庭联产承包责任制实施以来，家庭个体经营是最主要的生产经营状态。这种生产经营状态对于调动农村居民生产的积极性、主动性，促进农业生产，提升农村经济发展水平，发挥了积极作用。但随着生产观念的转变、机械化的推广、城市生产生活对农村生活的冲击等，加上农资价格等问题，导致农村居民生产积极性下降。在这种情形下，村民委员会需要根据乡村振兴战略的总部署、总要求，对本村村民进行深入、持久、广泛的宣传和发动，把党和政府的好政策、好方针广为宣传，吸引外流乡村精英返乡创业、发展生产，共同推动乡村振兴。

三、积极调动其他组织的支持作用

农村生产和生活中，为了适应生产的需要，适应市场的竞争，农民自发成立了一些农业生产经营合作社，通过入股分红的方式，实行规模化生产经营，提高了生产能力和劳动效率，降低了生产成本和生产风险，受到了农村居民的肯定和认可，同时也调动了农民生产积极性、主动性。为农业生产发展和农村经济进步，发挥了突出的作用。

在乡村振兴战略实施过程中，要充分肯定农村的生产经营合作社等经济组织的作用，肯定其在促进农村经济发展、促进农民发家致富方面的积极意义，同时还要根据乡村振兴战略实践的需要，把生产经营同乡村振兴战略实践相结合，把各家各户的生产经营同乡村集体的生产经营结合起来，实现个人和集体同步发展、同步富裕。

农村各类经济组织虽说是基于自愿，自发形成的，但其生产经营活动立足于乡村资源，服务于乡村居民，在生产经营中可能遇到需要协调的问题。村民委员会要积极协调解决，为这些组织的生产经营提供服务和保障，为产品营销等提供信息和市场渠道等，从而调动这些经济组织对乡村振兴战略实践的支持作用。

此外，农村还建立有村务监督委员会，作为保障村民权益的组织，监督村民委员会职责履行，是确保村民委员会等村民自治组织健康、合法运转的监督机制。在乡村振兴战略实践过程中，对于经费开支使用，对于项目工程进度，对于党的富民惠民政策措施的落实等，要加强监督，确保村务决策、村务财产等公开，确保党和政府的好政策能够给农村居民带来真真正正、实实在在的实惠。

在实践中，有些村还根据本村生活的实际情况，成立红白喜事管理委员会等具有农村特色的社会组织。这些农村社会组织在乡风文明建设，乡村秩序建设和维护，乡村社会关系的维护等方面，发挥着积极作用，与乡村振兴战略的目标要求相契合。对于农村居民这些自发性、创造性的管理，基层组织和政府要充分肯定其存在和作用，在实践中要加强指导，引导这些组织合法、合理地开展工作，确保这些社会组织在服务农民、树立新风等方面的积极作用得到充分发挥，确保这些组织作用的发挥能够有效地服务于乡村振兴的治理有效的目标。

第四节　群众参与的组织

党的十九大报告指出："中国特色社会主义进入新时代，我国社会主要矛盾已经转化为人民日益增长的美好生活需要和不平衡不充分的发展之间的矛盾。"社会主要矛盾发生变化，这是由中国经济发展水平所决定的。农村群众虽说是处在基础公共服务设施相对薄弱、物质文化生活相对贫乏、经济发展水平和收入水平相对落后的农村地区，但农村居民对美好生活的需求从未改变过。不管是集体经济时代，还是家庭经营时期；无论是土地生产为主的劳作，还是经济发展新形势下的劳动力输出，农村居民一直都在为实现美好生活目标的道路上不懈努力、奋斗着。

一、农村居民的美好生活需求

在不同的时期，人们对美好生活的认识和目标也是不同的。对于农村居民来讲，美好生活目标更具有现实性，朴实而简单。

（一）从"吃饱穿暖"到"吃好穿好"

经过改革开放 40 多年的建设和发展，农村居民已经基本解决了"吃饱穿暖"的问题，除了少数贫困地区、偏远地区，绝大多数农村地区、农村人口已经解决了温饱问题，正在向更高生活水平努力。更高的生活水平，对于农村居民来讲，无非就是向城市居民看齐，能够像城里人一样吃得好、穿得时髦。窝头就咸菜疙瘩固然可以填饱肚子，但与城里人丰富的餐桌相比，还是相去甚远的。因此，农村居民迫切需要提升生活水平和生活质量，从"吃饱穿暖"向"吃好穿好"转变。

乡村振兴战略提出，要通过持续的农业投入和发展，促进农业产业结构调整和升级；通过持续的投入促进农村多种产业经营模式发展，从而促进农民持续增收，使农村居民的腰包鼓起来，使农村居民的生活富起来，使农村居民的日子红火起来。乡村振兴战略的实施和目标的实现，将会不断提升农民的获得感、幸福感、安全感，让农民实实在在感受到社会主义新时代的幸福生活。

（二）从"田间地头"到"工厂车间"

说到农村，人们首先想到的是一望无际的庄稼；说到农民，人们眼前浮现的是"面朝黄土背朝天"的辛苦劳作。的确，在传统农业生产模式下，在农业生产效率低下的情况下，在农业机械化水平不高的时期，从年头到年尾，从早晨到日暮，全家齐上阵，终日在田间地头侍弄庄稼是农村居民的生活日常，辛苦是必然的，关键是一年劳作到头，粮食收成、农业收入都不尽如人意，日子过得紧紧巴巴的。随着农业机械化水平的提高，随着农业生产基础设施的建设和使用，随着农业生产率的提高，机械化、科技化的现代农业让农村居民从土地的束缚中解脱出来，农村剩余劳动力开始向其他产业转移。

对于农村居民来讲，除了农忙时节，农闲时节能够像城里人那样"朝九晚五"般打卡上下班，每月有固定的工资收入，每周有休息日，就是一种不错的生活状态了。于是，到厂里上班成为一种朴素的生活目标，每天从村庄内穿过，见到邻居打声招呼，都洋溢着喜悦、骄傲。对于农村居民来讲，这就是美好生活。事实上，城市里的厂房里，大部分都是农村居民青壮年劳动力，他们像候鸟一样，往返于乡村和城市。

（三）从"打牌唠嗑"到"唱歌跳舞"

或许很多人都曾经在农村遇到过一些场景：在农闲时节，或者在阴雨天气无法下地干活儿的时候，农村人三五成群地聚在一起，唠一唠东家长、西家短，以消磨时光。而很多的邻里矛盾、纠纷，就在打牌唠嗑中滋生，成为乡风文明的不和谐音符。并非是这些农村居民就这么悠闲自得，根本原因还是在于精神文化生活贫乏。

对于农村居民来讲，如果能够像城里人那样，唱唱歌，跳跳舞，在农闲之余能够像个城里人那样锻炼锻炼身体，那就是幸福的。

除此之外，农村居民还希望能够像城里人那样，孩子能够接受高质量的教育，生了病可以像城里人那样有医疗保险，生活基础设施和保障丰富而完善。

二、撸起袖子加油干

习近平总书记说，幸福是奋斗出来的；为了实现幸福生活的目标，要撸起袖子加油干。对于农村居民来讲，农村是他们的家园，无论是从生产生活讲，还是从情感归属讲，都是如此。生于斯，长于斯，即使农村贫困，即使农村不美，即使农村落后，即使农村生活不便利、不丰富，这也是农村居民的情感依归。

　　农村是农民的情感所在，农民对农村的感情最深，同样也对乡村社会最为了解。对于乡村振兴战略实践中，"尊重农民主体地位"不应当仅是一句口号、一个原则，而必须是乡村振兴战略实践的遵循。把农村居民的生产积极性、主动性调动起来，让他们积极投身于乡村建设和发展，对于实现乡村振兴战略目标来讲，至关重要。

　　对于农村居民而言，求人不如求己，借助外力不如内生动力。只有自己能干，愿意干，幸福生活自是指日可待。撸起袖子加油干，是农村居民实现幸福生活目标的必然要求，是农村实现振兴的必然要求，是实现农业发展升级的必然要求。乡村振兴战略的每一个步骤，都关乎农村居民的利益。乡村振兴战略实践的每一个环节，都需要农村居民参与其中。

　　长期以来，由于农业生产环境不理想，由于农业生产效益有所下降，由于农业基础设施水平较低，由于农业机械化水平发展受到现实环境的制约，导致农业生产在青壮年农村居民群体中，正在逐渐失去其吸引力。通俗点来讲，从事农业生产，辛苦劳累不说，关键是还不挣钱。因此，农村的青壮年居民离开土地，走出农村，到城市中寻求机会。这带来一个不可避免的结果，就是农村地区愿意种地的人越来越少，越来越多的人都不认为农业生产能够养家糊口、能够发家致富。现在到农村去，坚持在田间地头劳作的人，大多为年过半百的老人，很少见到青壮年劳动力，导致现在还坚持从事农业生产的农村居民的平均年龄达到 57 岁以上。这不应该是乡村振兴战略过程中应当有的现象。

　　乡村振兴战略需要农村居民撸起袖子加油干。蓝图已经绘就，蓝图的实施需要农村居民在党和政府的支持下，脚踏实地，用自己的劳动创造幸福的生活。外流的农村精英们，在城市讨生活的青壮劳力们，要尽快回归农村，回归农村广阔天地，在乡村振兴的大环境中成就一番事业。

三、全民参与谋发展、促振兴

　　乡村振兴，目的在于让农村居民都富裕起来，都能过上幸福的小康生活。农村居民是乡村振兴战略的落脚点，更是乡村振兴战略依靠的主要力量。只有把农村居民都发动起来，组织起来，把分散的个体力量，汇聚成有机的集体力量，共同参与，共同奋斗，共同努力，共同在党的领导下，实现乡村发展和振兴，实现中华民族伟大复兴。

农村居民是乡村振兴的主体，实施乡村振兴战略是为了农村居民，乡村振兴战略实践要依靠农村居民。2018年习近平总书记在参加十三届人大一次会议山东代表团审议时曾强调指出："实施乡村振兴战略是一篇大文章，要统筹谋划，科学推进。要充分尊重广大农民意愿，调动广大农民积极性、主动性、创造性，把广大农民对美好生活的向往化为推动乡村振兴的动力，把维护广大农民根本利益、促进广大农民共同富裕作为出发点和落脚点。"乡村振兴战略这篇大文章，离不开农村居民这个大主角。

农村居民在经济活动中应居于主导地位。振兴的乡村仍然是农民的乡村，只有农民参与主导的乡村振兴才是党和国家要真正振兴的乡村，没有了农民的主动参与，即使将乡村建设得再美丽，也背离了乡村建设宗旨。① 乡村振兴战略吸纳社会资金投入，无论是土地流转，还是资源开发；无论是农产品深加工，还是农业产业结构调整、升级，都应当充分尊重农民的意愿和意见，给予农村居民发言权，让农村居民不仅成为乡村振兴战略的受益者，更成为乡村振兴战略的参与者、谋划者。

农村居民应当成为乡村社会秩序的建设者、维护者。乡村社会的有效治理是实现乡村振兴和发展的基础。乡村治理中，首要的是坚持村民自治。这是农村居民当家作主、建设和维护乡村社会秩序的最直接体现。乡村治理要实现共治，需要每位农村居民都参与其中，律己律人，自我管理，自我教育，共同维护乡村建设成果。

农村居民应当自觉培育参与乡村振兴和发展的自觉性。习近平总书记多次强调，小康不小康，关键看老乡。还多次指出，农民富

---

① 陈金魁. 乡村振兴要尊重农民的主体地位[J].农业知识，2018（11）.

不富，是决定生活富裕目标实现程度的重要标准。党和政府为乡村地区的振兴和发展，擘画的有近期目标，有中期目标，有远景目标。这些目标无不关乎乡村居民的发展和利益。农村居民应当借助国家的政策供给和保障，破除等、靠、依赖思想，破除吃救济的不良意识，破除哭穷的不良观念，在乡村振兴的大潮中，自觉作为，主动作为，积极作为，用自己的双手勤劳致富，用自己的双手建设自己的美好家园，用自己的双手创造美好的生活。只有充分激发并保持住农村居民的内生动力，乡村振兴的实施才具有源源不断的发展动力。

第五章

乡村振兴战略的实施

2018年两会期间，习近平总书记在参加山东代表团审议时指出：要从产业振兴、人才振兴、文化振兴、生态振兴、组织振兴五个方面系统推进乡村振兴战略实践，实现乡村地区的融合发展。习近平总书记提出的五个方面的振兴，是对实施乡村振兴战略目标和路径的明确指示，是指导各地乡村振兴战略实践的根本指南。

习近平总书记指出的产业振兴、人才振兴、文化振兴、生态振兴、组织振兴等五个方面的振兴是一个有机的整体，既是明确的乡村振兴战略实践的任务要求，也是乡村振兴战略目标实现的路线图。在这一有机整体中，农业产业升级与结构调整，构建起完善的一二三产业融合发展的现代化农业，以产业振兴促产业兴旺目标实现，这是乡村振兴战略目标实现的基础；现代农业的发展、农村地区的建设和发展，离不开各类人才的支撑，因此人才振兴是乡村振兴战略目标实现的智力支撑；风清气正的社会氛围，安定和谐的社会秩序是乡村居民安居乐业的愿望与要求，通过培育文明乡风、良好家风、淳朴民风等凝神聚气的铸魂之策，实现乡村文化振兴，是实现乡村振兴战略的重要抓手；绿水青山、鸟鸣鱼嬉的美丽乡村，有乡愁，有情感，有吸引力，有凝聚力，因其良好生态不仅是农村居民安居乐业的家园，也是吸引城市人的休闲之所，所以，以生态振兴推动乡村振兴战略实践，再造乡村社会的勃勃生机；农民富不富，关键看支部，以村民自治为基础，基层党支部、基层村民自治组织、乡村经济合作社等，是乡村振兴的中坚力量。在政府指导下促进组织振兴，通过社会协同、农村居民参与，共同致力于乡村建设和发展，共同努力加强乡村社会治理，是实现乡村振兴战略目标的重要保障。

第一节 强基础促产业振兴

国以民为本，民以食为本，衣食以农桑为本。无论是从历史发展看，还是从现代化建设来看，农业是始终是立国之本，强国之基，农业强中国才能强。农业在国家现代化和工业化进程中，发挥了不可替代的作用。农业发展水平决定着国家的发展水平，做大做强农业产业，不断提升农业产业结构调整升级，是保障农业基础地位的要求，也是保证国家粮食安全的基础，更是关乎国计民生的大事、要事。

一、始终坚持农业基础性地位不动摇

农业的基础性地位是由农业的根本特征所决定。农业是人类社会的"母亲产业"，是人类社会生存和发展的基础，是人类社会绵延不绝的根本保证。农业不仅提供了人类社会生存和发展所需的食物，同时还为工业发展提供原材料和劳动力。国民经济各部门都是以农业生产的发展、劳动生产率的提高和剩余产品的增加为前提的。[①] 无论是从狭义农业讲，还是从广义农业讲，粮食种植业都是最核心的农业产业，是解决我国十几亿人吃饭问题的最根本的依靠，是国家粮食安全的根本保障。

农业作为国家基础性产业的地位已经成为共识。正是因为农业生产发展直接影响国家建设的全局，决定着国民经济发展的质量和水平，在推进产业振兴的过程中要始终坚持农业的基础性地位不动摇，持续加大农业投入、实施农业保护性政策，逐步提升农业对国民经济的贡献率。

2017 年，全国国内生产总值 827 122 亿元，其中农业增加值

---

① 肖小红. 论农业的基础性地位[J]. 现代商业，2012（33）.

65 468 亿元，增长 3.9％；农业增加值占国内生产总值的 7.9％。

2018 年，全国国内生产总值 900 309 亿元，其中农业增加值 64 734 亿元，增长 3.5％；农业增加值占国内生产总值的 7.2％。

2019 年，全国国内生产总值 990 865 亿元，其中农业增加值 70 467 亿元，增长 3.1％；农业增加值占国内生产总值的 7.1％。[①]

从数字来看，农业的国民经济的贡献率占比明显低于工业、第三产业（同期，工业增加值、第三产业增加值占国内生产总值的比重分别超过 40％和 50％）。但这并不意味着农业不重要，农业基础性地位受到冲击（图 5-1）。

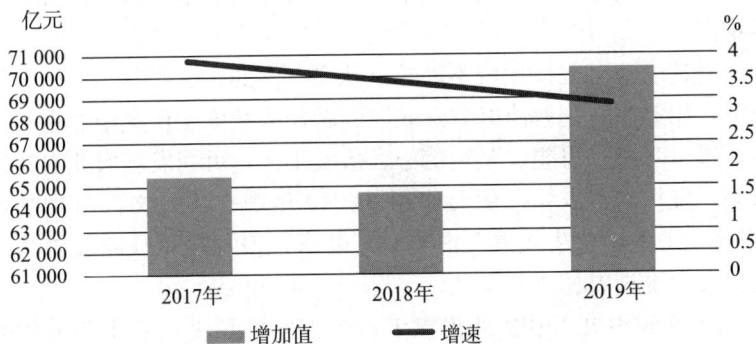

图 5-1　2017—2019 年农业 GDP 增加值与增速

注：1. 以上数据来源于 2017—2019 年国家统计局国民经济和社会发展统计公报。

2. 2017—2019 年，农业在 GDP 中的增加值稳步提升，但增速有所放缓。这表明，农业产业调整升级势在必行。

2019 年 5 月 13 日，中国农业科学院发布《中国农业产业发展报告 2019》，指出农村产业融合发展对国民经济增长的拉动作用明显，是国民经济发展的"战略后院"。[②] 虽然从数字统计来看，农业增加值对国内生产总值的贡献率有所下降，但农业的基础性地位

---

① 资料来源：国家统计局 2016—2018 年统计公报。

② 瞿剑.《中国农业产业发展报告 2019》发布[N].科技日报，2019-5-14.

却不曾改变。除了原有的为工业生产提供原材料和劳动力外，第三产业的增加值中，有相当大部分来自农村剩余劳动力的贡献。因此，没有农业现代化发展、农业机械化水平提升、农村剩余劳动力向城市转移，第三产业增加值及其对国内生产总值的贡献率未必能达到50%以上的水平。但就增加值、贡献率的数字就否定农业的基础性地位，是不正确的。突出的例证就是，随着农村经济环境的好转，农村发展空间日渐广阔，农业产业调整升级以及效益增加，加上国家政策的大力支持和保障，很多外流农村精英逐渐回流到乡村创业、发展，出现农民工返乡热潮，直接导致多个城市出现不同程度的用工荒，以至于很多城市、部分行业因招不到人而出现经营困难。①

坚持农业基础性地位不动摇，就要在党的"三农"工作思想指导下，始终坚持把解决好"三农"问题作为全党工作重中之重不动摇，进一步统一思想、坚定信心、落实工作，巩固发展农业农村好形势，发挥"三农"压舱石作用。2019年中央1号文件特别强调"坚持农业农村优先发展"总方针，要求以乡村振兴战略实施为契机，大力推进农村改革发展。

2019年中央1号文件提出了八个方面的意见，要求各地始终坚持农业基础性地位、坚持农业农村优先发展，这是我们做好"三农"工作的根本遵循、根本抓手。具体内容包括：聚力精准施策，决战决胜脱贫攻坚；夯实农业基础，保障重要农产品有效供给；扎实推进乡村建设，加快补齐农村人居环境和公共服务短板；发展壮大乡村产业，拓宽农民增收渠道；全面深化农村改革，激发乡村发展活力；完善乡村治理机制，保持农村社会和谐稳定；发挥农村党支部战斗堡垒作用，全面加强农村基层组织建设；加强党对"三

---

① 近几年，每年春节前后都是城市用工荒比较严重的时期。尤其是春节后本应返回城市继续工作的农民工留在家乡工作或创业，可以兼顾农业生产和农闲工作增加收入，劳动强度并不大于在大城市打拼，收益也并不低于城市劳作收入；而且也不会因身份标签而遭受歧视。因此，返乡创业，越来越成为一种较为普遍的现象。这也从侧面反映了农业、农村的吸引力正逐渐增强。

农"工作的领导，落实农业农村优先发展总方针。

二、坚持以粮食种植为核心，提升农业发展质量

乡村振兴，产业兴旺是重点；产业兴旺，粮食种植是关键。之所以强调农业发展要坚持以粮食种植为核心，是因为粮食是解决十四亿中国人吃饭问题的需要，是保证国家粮食安全的需要，是保证把中国人的饭碗牢牢端在自己手中的需要。民以食为天；手中有粮，心里不慌。吃饭的问题解决了，经济发展、国家建设的基础就稳定了。饿着肚子干革命、搞建设只能有一时之效，绝不具有长久之功（图5-2）。

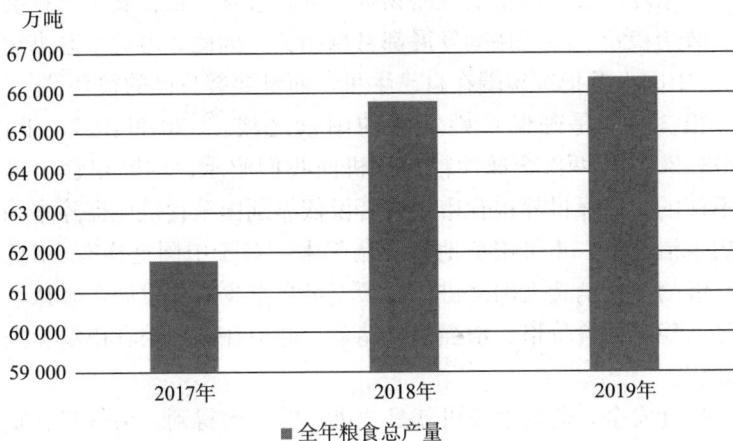

图5-2 2017—2019年粮食总产量

注：以上数据来源于2017—2019年国家统计局国民经济和社会发展统计公报。

（一）民以食为天

食物是人类赖以生存的最重要的物资。保障人民吃饱肚子、生存下来，是政府各项工作的重中之重，否则社会就不可能安宁，国家也难以治理。[①] 粮食种植是人类食物的最主要的来源。古今中

---

① 吴永杰．"民以食为天"的历史考察[J]．文化导刊，2016（6）．

外，对于粮食种植都十分重视。古代有"失农时罪"，以刑事立法和刑事处罚加强对粮食种植的规范。现在的刑法也有"生产、销售伪劣农药、兽药、化肥、种子罪"，运用法律保障农业生产。这些都体现了粮食种植在国家经济建设和发展中的重要地位。

（二）粮食安全战略

粮食安全是人类的一种基本生活权利。1983 年，联合国粮农组织提出粮食安全的目标为"确保所有的人在任何时候既能买得到又能买得起所需要的基本食品"。[①] 无论是发达国家，还是发展中国家，都非常重视本国粮食生产和粮食安全，毕竟粮食关系着国民的饭碗，是人民群众最基本的生活资料，同时粮食还是关系国计民生和国家经济安全的重要战略物资。毋庸置疑，粮食安全与社会和谐、政治稳定、经济持续发展都息息相关。因此，习近平总书记强调："中国人要把饭碗端在自己手里，而且要装自己的粮食。"

粮食安全是确保百姓饭碗的国家之战。[②] 20 世纪 70 年代、2007—2008 年两次全球性粮食危机向我们昭示：国际粮食市场是靠不住的，依靠世界粮食市场或者说依靠别国粮食供应保障本国国民的生活需求，不可避免地会受制于人。对于中国这样有 14 亿人要吃饭的粮食消费大国来讲，必须立足自身生产和发展，坚持自给自足，稳定粮食价格、增强粮食储备，避免在国际粮食市场上失去话语权。

粮食安全，通俗地来讲就是"供得够、送得到、买得起、吃得好"。[③] 说得简单，但要实现这样的目标，维护国家的粮食安全，却不是容易的事情。在经济发展的大环境下，耕地面积萎缩，种粮人口减少，种粮效益降低，粮食进口增加，而国际粮价与此同时却逐渐飙升，毫无疑问，中国粮食安全正面临着严峻的挑战。

---

① 史贤明.食品安全与卫生学[M].北京：中国农业出版社，2008.
② 钟文峰.粮食安全[M].北京：国际文化出版公司，2014.
③ 洪涛教授主持的北京工商大学课题组，对粮食安全问题有着系统的研究，从国家安全等诸多角度对粮食安全进行了探讨。

　　我国的耕地面积仅占世界 10%，人口却占世界的 22%，十几亿人的粮食供应问题始终是头等大事。《国民经济和社会发展十三五规划》特别强调"增强农产品安全保障能力"，指出：确保谷物基本自给、口粮绝对安全，调整优化农业结构，提高农产品综合生产能力和质量安全水平，形成结构更加合理、保障更加有力的农产品有效供给。

（三）农产品质量安全

　　现代农业是高水平、高标准、高品质农业，整个生产环节都应当是可控的。这是乡村战略对产业兴旺提出的要求。

　　农产品产地安全可控。农业生产以土地为基础、以水利为保障，在自然环境下，总体上是安全的。但由于资源开发和利用以及环境污染等，导致部分农产品生产地的生产环境受到破坏，耕地受到重金属污染导致粮食重金属超标，无法食用；灌溉水源遭受农药、污水污染，导致粮食农药残留及其他化学有害物质超标，此外还有粉尘附着等，这些都严重影响着农产品的品质。随着生态环境整治和修复，国家对环境保护工作越来越重视，农业生产环境有所好转，但仍然需要常抓不懈，坚持以生态宜居目标为标准，加强农业生产环境治理，为农产品质量安全奠定基础。

　　农产品生产过程标准化。标准化农业生产是现代农业发展趋势，也是提升农产品质量及实行规模化经营的需要。实现农业产业兴旺目标，就要加快完善农业标准，全面推行农业标准化生产。标准化生产是提升农业生产效率、增加农产品经济效益的重要措施。标准化生产模式下，根据"统一、简化、协调、选优"的要求，把农业生产的各个环节都纳入标准化生产的体系中，并运用统一的标准分别衡量各个环节的生产质量，从而建立标准化的农产品质量检测体系，为农产品质量安全把好关口。

　　农产品质量监控进一步强化。无论是粮食作物，还是初加工、深加工农产品，都必须保证质量，质量是农产品的生命。强化农产品质量监控，就要建立一套完整的质量监控体系，从种植环节农药、化肥、其他化学药品的使用，到生产加工环节的添加剂使用等，再到包装、存储、运输等各个环节，都应当处于监控、控制中，确保农产品的市场竞争力。

三、构建现代农业生产经营体系

现代农业生产经营体系，是包括粮食种植在内的大农业生产经营体系，即农业、林业、畜牧业、渔业合理布局，统筹发展，合理利用资源，实现农林牧渔各个产业均衡发展，同时还要通过与工业、第三产业相结合，实现融合发展，促进农业产业兴旺。

（一）树立大农业观念

乡村的生产类型是丰富的和多元的，有多样化的种植业、养殖业；有丰富多彩的乡村手工业；有大田的农业生产，还有房前屋后种瓜种豆的庭院经济；更有现代社会发展形成的乡村休闲度假等新型产业类型。[①] 产业兴旺就要树立大农业观念，把农业生产中的各种生产要素都调动起来，发展多元化农业经济，实现产业兴旺。

要坚持以粮食种植为核心，发展现代化农业生产。通过科技化、机械化、规模化、集约化经营，实现粮食及其他经济作物的兴旺，促进农民增收，不再赘述。

要坚持大力发展林业，突出林业在维护生态平衡方面的作用。十年树木，百年树人。林业在国民经济中有着重要作用，是国民经济的重要组成部分。农村地区大都流传这样的俗语：要想富，先种树；或者是要想富，少生孩子多种树。当然，这是小规模的种植。但是，即使是小规模的种植，即使是房前屋后的种植，或者荒地、边角地的零散种植，也能够给农村居民带来一定的经济收入；同时，这些树木也可以美化环境，优化土壤等。因此，农户种植树木在农村是普遍现象。此外更要大力发展规模化林业种植，退耕还林工作还要进一步加强。要把那些边边角角的地块、不适合农作物生长的荒地、岗坡地等，种上适合本地生长的树木，实现林业对农村经济建设和发展的作用。

---

① 朱启臻．关于乡村产业兴旺问题的探讨[J].行政管理改革，2018（8）．

要坚持发展以家庭养殖为主、适度规模的畜牧业。在农村地区，基本上家家户户都会养一些鸡、鸭等家禽，或者猪、羊等家畜，但大都不成规模。随着生活水平提高、对居住环境要求提高，散养、小规模养殖的家庭养殖逐渐减少，较大规模的养殖即我们通常所说的专业户逐渐增多，畜牧业规模效益逐渐凸显。乡村振兴提出的产业兴旺，要继续加强对养殖业的扶持力度，为养殖户消除后顾之忧，从而鼓励更多人发展养殖业，实现畜牧业规模经济效益。

要坚持利用资源发展渔业。随着人们生活水平的提升，对生活质量的要求也逐渐提高，对水产品的需求也逐渐增加，这直接推动了渔业养殖的发展。渔业养殖对水资源环境的要求比较高，因此在干旱少雨无湖泊河流的地区，是不适合发展水产养殖的。对于南方、沿海地带，则具有发展水产养殖的天然优势。在发展水产养殖过程中，政策支持必不可少，资金、技术、冷藏、加工、运输等环节，都需要政府提供帮助和指导，以促进水产养殖业的发展。

要坚持发展农副产业以促进农民增收。农副产业是农村居民在粮食种植之外、农闲之余所从事的、有利于增加家庭收入的重要的生产事业。农副产业的内涵极为广泛，从理论上讲，农业生产中，除农、林、牧、渔以外的农业生产均可认为是农副产业，比如农产品加工、农村手工艺制作等。考虑到我国农村生产经营的实际，我们认为，农副产业主要是以农业主产业为基础并与主产业相关的农副产品生产加工。举例来说，山东地区农村居民有吃煎饼的传统。现在有些人把煎饼生产、销售作为增收致富的一种方式，但其主产业还是粮食种植，还是传统农业生产。像这样的农副产业在农村地区是较为普遍的。乡村振兴战略强调产业兴旺，完全可以在这方面做大文章。农副产业不受场地、规模、人员限制，完全可以由农村居民根据自身实际、当地市场需求等，进行形式多样的生产经营，从而丰富市场、繁荣经济，增进乡村地区的经济活力。

（二）加快产业融合，促进产业兴旺

无论是近几年的中央 1 号文件，还是《乡村振兴战略规划（2018—2022）》，关于产业融合问题一直都是关注的焦点。

2016 年中央 1 号文件指出，要推进农村产业融合，通过农产品加工业转型升级、农产品市场流通、农村新型产业发展等，促进农民增收。

2017 年中央 1 号文件指出，要通过产业融合，建设现代农业产业园区，通过专业化、规模化、标准化、集约化生产，推动农业产业升级、升值，促进农村居民增收。

2018 年中央 1 号文件指出，要构建农村一二三产业融合发展体系，通过农业功能开发、农业产业链延长和升值，建立起以农业生产为基础的农产品销售、物流、仓储、电商等农业产业模式，建立起立足本地资源和优势的休闲观光、乡村民宿、特色小镇等，发展特色农业，优势农业，文化农业，促进农业产业兴旺。

2019 年中央 1 号文件指出，要通过产业融合发展壮大乡村产业，拓宽农民增收渠道，并提出了发展乡村特色产业如果菜茶、食用菌、杂粮杂豆、特色养殖、花卉种植等，发展现代农产品加工、建设现代农业产业园区等，发展乡村新型服务业如餐饮民宿、乡村旅游、健康养生等，发展"互联网＋农业"。这些指导性意见为乡村地区产业融合提供了思路、方法，将会大大促进农村产业融合，促进乡村振兴战略实践。

《乡村振兴战略规划（2018—2022 年）》提出"发展壮大乡村产业"，对农村产业深度融合做出部署，强调通过"以制度、技术和商业模式创新为动力，推进农村一二三产业交叉融合"。乡村振兴战略规划提出，要通过培育农业农村新产业、新业态，打造农村产业融合发展的新载体，推动要素跨界配置和产业有机融合，让农村一二三产业在融合发展中同步升级、同步增值、同步受益。[①]

与典型意义上的产业融合不同，农村产业融合是以农业为基础的产业融合，通过与其他产业尤其是与加工业、服务业相互渗透、交叉重组及前后联动等横向融合和纵向融合方式，使得农业除了具

---

① 资料来源：《乡村振兴战略规划（2018—2022 年）》第五篇第十六章"推动农村产业深度融合"。

备传统农业的生产特点和经济功能外，还具有加工和服务等功能。农业融合是调整农村产业结构以及农村经济改革的重要手段，对解决"三农"问题、全面建成小康社会具有重要意义。①

农业产业融合发展是现代化农业发展的趋势。实现乡村振兴战略目标，实现产业兴旺要求，就要根据规划的要求和党中央的决策部署，实现农村一二三产业融合发展，从而拓宽农村居民增收渠道，构建现代农业产业体系，加快转变农业发展方式，走中国特色的农业现代化发展之路。

（三）加快农业结构改革，促进农业产业融合

2016 年 1 月 5 号，国务院办公厅印发《关于推进农村一二三产业融合发展的指导意见》，明确指出：推进农村一二三产业融合发展，是拓宽农民增收渠道、构建现代农业产业体系的重要举措，是加快转变农业发展方式、探索中国特色农业现代化道路的必然要求。在《指导意见》的指导下，各地区工作力度大，农业产业融合发展速度较快，通过政策支持，机制创新，因地制宜，农业产业融合发展取得了较为突出的成就。

农村一二三产业融合，要打通农业与工业、服务业间的藩篱，在三大产业之间建立起互通互联的融合路径，通过立足农村生产资源、农村劳动力资源，充分把农村地区的自然生态、历史遗产、地域人文等资源挖掘开发出来，在国家的政策支持下，以制度创新促结构调整，以技术创新促产业升级，以产业集聚促融合发展。农村一二三产业的融合发展，是在不同产业之间、产业内部不同生产部门之间，实现各生产要素间的渗透、交叉，实现一体化发展，促进农业产业兴旺。

农业产业融合是对现有农业产业结构的调整，要求进行农业结构改革。在大农业结构体系中，粮食种植、畜禽水产养殖、林木种植、农产品加工、劳动力转移就业、农村新型产业等，只要有利于

---

① 周斌 . 农业产业融合的现状、问题及优化路径[J]. 技术经济与管理研究，2019 (1) .

农业结构调整和农村经济发展，只要有利于乡村振兴战略目标的实现，都应当在政策支持下加大发展力度，让农村产业结构更丰富、更合理、更有利于农业产业兴旺。

四、农业产业融合的内容

农业是国民经济的基础产业，是第一产业，是国家经济社会发展的基础。农业产业融合，是现代化农业发展的必然要求，是缩小城乡差别的有力举措。一二三产业融合发展，开发农村新产业、新业态，丰富农业产业体系，是农业产业融合的主要内容。

（一）农业内部产业的融合

农业内部产业融合是作为第一产业的农业生产内部各生产部门、各生产要素、各生产环节的融合与发展，具体来讲就是种植结构、产业比例的融合。

农业内部产业融合说起来复杂，但实际上是很简单的，尤其是有许多地区已经进行了卓有成效的实践，并取得了突出的效益。比如在浙江、福建、江西、贵州、湖南、湖北等进行的稻田养鱼；如在苹果园、桃园、橘子园、葡萄园等果园进行果园养鸡；如在林场发展中草药种植，等等。这些都属于农业内部产业的融合。

种植业与畜牧业的融合。这种融合在畜力耕作时代是非常普遍存在的融合方式，最主要的就是农作物秸秆经过粗加工成为牛马羊骡的饲料。无论是农户散养还是养殖场规模养殖，农作物秸秆都是牛马羊骡等家畜的主要食物来源，也正是得益于农作物秸秆饲料加工和保障，畜牧业才有发展的保障和基础。反过来，农作物种植所需要的有机肥，又主要由家畜粪便提供。有机肥的施用，提高了耕地土壤肥力，为农业发展尤其是有机农业、绿色农业的发展提供了有力保障。

种植业与果木种植的融合。果木种植是现在乡村地区比较常见的经济产业发展模式，全国许多地区都形成了自己的种植优势，形成当地的支柱产业。在果木种植中，农作物与果木间作是非常普遍的现象。一些机械化耕作要求不高、生长空间要求不高的农作物，成为间作的首选，比如花生与果木的间作，如红薯与果木的间作，如大豆及其他豆类与果木的间作等，这些都是农作物间作的主要选择。

水稻种植与鱼、虾、鸭等的融合。在南方水稻种植地区，普遍存在利用稻田养殖鱼虾或者鸭子的传统，收到了很好的经济效益。当然在水稻和鱼虾等混合种养的时候，还有一些技术性的要求，如鱼虾投放的时机，如鱼虾投放的密度，如鱼虾捕捞的时机，等等。这些都是在混合种养时需要认真考虑和把握的。

上述都是农业内部产业的融合，是农业各生产要素的融合。这样的融合极大地促进了农业经济效益的提升，为农业经济的振兴开辟了新的路径。

（二）农业与工业的融合

农业为工业发展提供原材料，工业为农业经济转型提供机械、化肥、农业等。农业与工业本就是紧密联系在一起的，农业与工业的融合也具有天然的优势。在乡村振兴战略中，农业与工业的融合有更为广阔的空间和发展前景。

原生农产品的经济效益受到市场环境的影响，很难产生较大的经济效益。这也是为什么农民种地意愿不高的主要原因之一。但是经过粗加工的农产品就能够提升价值、增加农村居民的经济效益。农产品粗加工可以依靠农村居民自行完成，也可以借助手工业作坊完成。随着社会需求的增加，农产品初级加工、深加工的规模化、产业化程度越来越高，由此也带来经济效益的增加。

2016 年 11 月 14 日，农业部印发《全国农产品加工业与农村一二三产业融合发展规划（2016—2020 年）》，对农业和工业的融合提出了指导性意见。根据《规划》的要求，农产品加工业连接工农、沟通城乡、行业覆盖面宽、产业关联度高、带动农民就业增收作用强，是产业融合的必然选择，已经成为农业现代化的重要标志、国民经济的重要支柱、建设健康中国保障群众营养健康的重要民生产业。农产品加工业就是农业和工业融合的连接点，能够推动产业兴旺目标的实现。

《规划》对农业和工业融合提出了具体的目标要求。其中，规模以上农产品加工业主营业务收入要保持 6% 的年均增长率，到 2020 年达到 26 万亿元的规模。农产品加工业总产值要达到农业总产值的 2.4 倍。粮食的加工转化率要达到 88%，水果、蔬菜、肉类、水产品等加工转化率也有一定的具体要求。农产品加工业对农业、工业融合的重要价值不言而喻，也体现出农产品加工业对农业、工业融合的引领带动作用。

农产品加工业的发展，内容丰富，形态多样。无论是产地初加工，还是车间精加工，都是农业、工业融合的形态。在融合过程中，可以利用产地资源优势，组织进行粮食、水果、蔬菜等农产品的干燥、储藏、精细加工，可以利用加工企业进行精加工，如方便面加工，如淀粉加工，如果脯加工，如肉脯加工，等等，进一步提升农产品的附加值，提升经济效益。

《全国农产品加工业与农村一二三产业融合发展规划（2016—2020 年)》还对农业、工业融合的具体实施提出了指导性意见。

（三）农业与服务业的融合

《全国农产品加工业与农村一二三产业融合发展规划（2016—2020 年)》对农业和服务业的融合同样提出指导性意见。

《规划》提出，要大力发展专业流通服务，建立现代化服务体系和流通体系，为农业生产和发展提供生产经营服务，把农产品及时、快速地运送出去，运送到市场，实现经济效益。在《规划》中，农产品加工服务、仓储物流建设、批发市场建设等，都属于服务业发展的方向，这些都是农业和服务业融合的具体体现。

农业和服务业的融合，打通了农产品从田间地头到国内国际市场的通道，实现了农村经济的发展和振兴。2017 年，国家发改委发布《服务业创新发展大纲（2017—2025 年)》，对服务业的发展做出顶层设计，并提出具体目标。《大纲》第五部分对农业和服务业的融合做出了部署。《大纲》指出，要加快发展农村服务业，构建全程覆盖、区域集成的新型农业社会化服务体系，增强服务业对转变农业发展方式、发展现代农业的支撑引领能力。

根据《大纲》的要求，在推进农业、服务业融合的过程中，要注重培育多元化的融合发展主体，为农业发展提供专业化服务；要注重发展农业、服务业融合的新业态，实现生产、生活、生态的有机结合；要通过农业与服务业的融合，进一步畅通农产品进城进程、农资下乡渠道，实现新农业产业业态。

此外，农业、服务业融合，服务业应当积极对接农业产业发展的服务需求，主动下乡，为农村、农民提供形式多样的服务，拓宽自身生存发展空间，也为农业发展提供资金、技术、信息、咨询服务等。

经过多年的积极摸索和大胆创新，我国出现了多种融合发展模式，如农业内部有机融合模式、全产业链发展融合模式、农业产业链延伸融合模式、农业功能拓展融合模式、产业集聚型发展融合模式。以产业发展模式的创新，增强农业在产业价值分配上的谈判能力。[①]

第二节　谋发展促人才振兴

习近平总书记高度重视人才的重要作用，多次强调发展是第一要务，人才是第一资源，创新是第一动力，人才振兴是实现乡村振兴的关键。

乡村振兴战略实践中，人才既包括农业产业管理人才，也包括农业产业发展专业人才。无论是哪类人才，其作用的发挥，都将大力促进农业产业的发展，促进农村经济的振兴。乡村振兴提出的产业兴旺、生态宜居、乡风文明、治理有效、生活富裕的目标，每一个目标都离不开人才支撑。

一、人才是乡村振兴的第一资源

人才进退国安危。人才决定着我国乡村发展的未来。要实现乡

---

① 陆梦龙. 城乡融合和产业融合：乡村振兴战略的重要抓手[J]. 新西部，2018 (3).

村振兴，根本和关键在人才振兴。乡村振兴提出的产业兴旺目标，要求发展现代化农业，大量开发和利用先进的农业生产技术，离不开人才的支撑；农业产业结构调整，要向新型农业产业、高技术农业产业要效益，离不开人才的支撑；加强农村生态环境修复和保护，实现开发利用和保护并举，走现代化发展之路，离不开人才的支撑；乡风文明目标的实现，离不开对教育尤其是农村基础教育的大力投入，这更离不开人才的支撑；在现代社会治理体系下，要实现治理有效目标，建立起良好乡村的社会秩序，更离不开乡村治理人才的支撑。所以说，归根到底，乡村振兴战略的实施，离不开人的作用的发挥，尤其是懂农业、爱农村、爱农民的人才的作用发挥。

（一）乡村干部是乡村振兴战略实践的组织者、领导者

火车跑得快，全凭车头带。在乡村振兴战略实践中，如何把农村居民的积极性、能动性调动起来，如何把农村居民的创造性激发出来，不是靠一纸文件或几句口号就能够实现。作为桥梁、纽带的乡村干部，必须发挥出积极作用，成为乡村振兴战略实践的当家人、带头人，带领广大农村居民想办法、找出路、谋发展。

乡村干部生长于乡村社会，平时的工作主要就是同农村居民打交道，为农村居民排忧解难，为乡村社会治理出谋划策。乡村干部知道农村居民在想什么，需要什么；知道乡村社会发展需要走什么样的道路；知道乡村振兴战略实践中有哪些优势、有哪些短板和不足；知道乡村社会治理的重点、难点是什么。乡村干部在长期的工作实践中，逐渐成为乡村社会的主心骨。

乡村振兴战略是全局性的战略，确定的每一个目标、提出的每一项要求，都需要乡村干部带领农村居民去实践、去实现。乡村干部要根据乡村振兴战略的要求，把农村居民组织起来，带领广大农村居民投入到乡村振兴战略实践中去。在实践中，对那些文化水平较低、技术能力欠缺、发展后劲不足的农村居民，乡村干部还要结对子，实行一对一的帮扶，确保在乡村发展、振兴中，不让一个人掉队，不让一个农户落后。对那些需要农村居民共同参与的项目，

更要广泛发动，深入做工作，调动每一个村民的干劲儿，积极参与，共同努力，推动乡村振兴战略目标早日实现。

（二）文化人才是乡村振兴战略实践的铸魂者、传播者

乡村振兴，文化先行。乡村文化的发展和振兴，离不开乡村文化人才对乡村传统文化的传承和弘扬，离不开乡村文化人才对新时代乡村文化的开发和传播。我国是一个农业大国，有近 6 亿人口居住在乡村地区，构建和谐乡村社会需要建设一支高素质的乡村文化人才队伍，通过形式多样的艺术创作，把社会主旋律、社会主义核心价值观、社会主义理想信念、社会正能量等融入其中，以质朴的、乐于为乡村居民接受的形式，把文明乡风、良好家风、淳朴民风广为弘扬，不断提高乡村社会文明程度。[①]

受利益观念的影响，乡村地区的淳朴乡风有所异化。近年来见诸各类媒体的攀比之风、浮夸之风、奢靡之风都表明，乡村地区的文明乡风建设任重道远。乡村振兴是包括乡风文明在内的全面的振兴，乡村振兴要求乡村居民在物质上富裕起来，更要在精神上富裕起来。乡村地区产业发展需要有人引领，乡村地区的文明建设也需要乡村各类文化人才的引领和带动。

乡村文化人才，一方面要通过对优秀传统文化进行继承和传播，让淳朴乡风、良好家风在邻里之间延续下去；一方面结合时代发展需求，对新的文化、新的文明进行广泛的宣传，在乡村居民中间广泛传播，让新时代的新思想、新理念入心入脑。乡村文化人才，是乡村振兴战略实践的铸魂者、传播者，责任重大，既要让优秀传统文化焕发出生机和活力，还要让新时代的核心价值观在乡村地区生根发芽。

（三）服务人才是乡村振兴战略实践的服务者、推动者

乡村振兴战略实践离不开各类服务人才，尤其是农业生产服务人才。各类服务人才以其专业技能为农业发展提供技术指导和帮助，以其专业知识为乡村居民答疑解惑、提供信息咨询和服务，以

[①] 蔡若君 . 乡村振兴中的人才振兴考量[J].党政干部论坛，2019（4）.

其经营能力把田间地头和国内国际市场连接起来、拓宽乡村居民增收渠道，以其文化知识对乡村居民进行培训、不断提高乡村居民的认知能力，等等。乡村振兴战略实践中，农村金融服务人才、农村中介服务和经营人才、乡村科技服务人员、乡村教师、医疗卫生人员、文化工作人员等，[①] 每一类人才都在自己的岗位为农业生产经营服务，都在不断推动乡村振兴战略实践的进程。他们都为乡村产业发展、为乡村地区建设和进步、为农民发家致富，发挥了不可忽视的推动作用。

在乡村振兴战略实践中，无论是各级党组织和各级政府，还是乡村居民、各类社会组织，都应当充分肯定各类服务人才的积极作用，对他们在乡村振兴战略实践中的服务和推动予以大力支持，并创造良好的空间，为乡村振兴战略实践提供更加全面、深入的服务和保障。

二、乡村振兴战略实践人才培养的关键

习近平总书记指出，乡村振兴，人才是关键。要积极培养本土人才，鼓励外出能人返乡创业，鼓励大学生村官扎根基层，为乡村振兴提供人才保障。我国的乡村地区范围非常广，地区发展不平衡。实际情况是，在中西部贫困地区，有好政策、好项目，有充足的资金，但苦于缺乏各类人才，导致部分乡村地区经济发展缓慢。因此，各地扶贫资金、产业项目落地慢、落地难、效果不理想，主要根源在于缺乏人才支撑；进而成为制约贫困地区脱贫致富、实现乡村振兴的瓶颈。[②] 乡村振兴离不开各类人才，离不开各类人才对乡村振兴战略实践的支持和投入。

（一）要大力营造拴心留人的好环境

现在乡村地区发展和振兴面临的一个不容回避的问题就是乡村精英外流的问题。人才振兴是乡村振兴的关键和重要支撑，可问题

---

① 蔡若君．乡村振兴中的人才振兴考量[J]．党政干部论坛，2019（4）．
② 张雨东．乡村振兴首先要人才振兴[J]．中国政协，2018（14）．

是，现在的乡村地区，青壮年劳动力如候鸟般的来来去去，定时迁徙，导致很多地方成为留守老人、留守儿童、留守妇女为主的"三留守"村，村落空心化现象十分突出。统计显示，2016年全国农业生产经营人员31 422万人，受过高中及高中以上教育的仅占8.3%，受教育程度为小学及小学以下的占43.4%，实用人才仅占农村劳动力的7%。[①] 之所以出现人才外流的问题，主要还是大环境的影响。一方面，城市生活富有活力和吸引力，机会较多，一分付出一分收获；另一方面，乡村社会中生活较为贫乏，生产经营较为艰苦，同时受到诸多非人为因素影响，导致一分付出不一定获得一分收获。在社会改革浪潮中，乡村社会未能及时营造出拴心留人的好环境，青壮年劳动力尤其是文化水平较高的年轻人，很难在乡村社会生活下去，更不要说去从事农业生产和经营了。

习近平总书记指出，实施乡村振兴战略，要推进乡村人才振兴。要把人力资本开发放在首要位置，强化乡村振兴人才支撑，加快培育新型农业经营主体，让愿意留在乡村建设家乡的人留得安心，让愿意上山下乡回报乡村的人更有信心，激励各类人才在农村广阔天地大施所能、大展才华、大显身手，打造一支强大的乡村振兴人才队伍，在乡村形成人才、土地、资金、产业汇聚的良性循环。[②] 从总书记的话中可以看出，乡村振兴人才培养，要注重做好拴心留人环境的建设工作。

营造拴心留人的好环境，就要落实好党的各项好政策，不打折扣，认真落实，让党和政府的各项政策真正落地，发挥作用。要杜绝各种政策截留、政策歪曲、政策异化，要坚持用政策、用项目、用支持吸引人才、留住人才，在党的好政策保障中、政府的有力支持下，全身心投入到生产经营和发展中去。

营造拴心留人的好环境，就要破除旧有的小农意识、小集体观念。无论是村民自身，还是基层组织和政府，都要大力支持各类人

---

① 张雨东.乡村振兴首先要人才振兴[J].中国政协，2018（14）.

② 刘馨.关于乡村人才振兴的研究[J].农场经济管理，2018（10）.

才的工作，为农业经营主体的生产经营活动保驾护航，消除他们的后顾之忧，让他们能够在乡村地区安心创业、安心干事，让他们的付出和投入能够得到丰硕的回报。

营造拴心留人的好环境，就要立足地区资源优势，为发展提供坚实的物质基础。乡村地区一草一木皆是宝，需要各类人才来开发、利用。各地要坚持从实际出发，走特色发展、精品发展之路，要杜绝跟风、同质发展的现象。

（二）要重视并大力培育本地人才

乡村振兴战略实践归根到底是乡村居民为主体的实践，因此，要注重本地人才的培养，坚持以当地农民、本土人才为主体，培养一批适应现代化农业、扎根农村的本土人才。[①] 本地人才生于斯、长于斯，对自己的家乡有浓厚的感情，有割舍不断的联系；同时他们对自己家乡的资源、环境、传统、特色、习俗等都非常熟悉，知道乡村振兴的着力点、发力点。培养本地人才，能够确保人才第一资源的观念的实现，能够通过示范带动，引领乡村地区的产业发展和振兴。

培育本地人才，要系统化，要有一个完整的、系统的、符合实际的培训体系。本地人才的培育，要立足于乡村居民的现实，不能单纯地理论说教，而要以实践为主进行培养。

首先要通过农业技术推广培养本地人才。现在各地都有农技推广服务机构，会联系科研院所的农技专家到各地传授先进的农业生产知识和技能。农技推广等农业服务过程，就是最好的培育本地人才的时机。要组织农技专家走出课堂、走出实验室，带领乡村居民走进田间地头，走进庄稼地，走进果园，通过面对面的讲解和操作，让乡村居民能够直观感受、认知、实践，切实掌握农业生产知识和技能。

其次要通过学习观摩培育本地人才。地方各级组织在条件允许的前提下，可以组织本地有志于家乡创业发展的各类人才，大胆走

---

① 张雨东. 乡村振兴首先要人才振兴[J]. 中国政协，2018（14）.

出去学习观摩。他山之石，可以攻玉。通过学习其他地方先进经验、特色举措等，为本地探索既有特色，又有发展前景的致富项目。

最后要通过人才互助促进本地人才的培育。在培育本地人才的同时，各地还会引进人才，助力乡村地区建设和发展。在乡村振兴过程中，要注重组织好本地人才和外来人才的互助合作，在互助合作中，促进本地人才在产业调整理念、产业调整方向、产业融合项目等诸多方面的学习和提高，从而能够达到自立的水平，能够在乡村振兴实践中独当一面。

（三）要为各类人才提供支持和保障

没有梧桐树，引不来金凤凰。环境、资源、项目等，都是吸引人才的梧桐树。引来金凤凰，还要让金凤凰留下来。在乡村振兴战略实践中，各地可以根据本地实际，在不违背法律、不违背政策、不侵犯群众利益的前提下，制定优惠政策、采取特殊措施，为各类人才提供支持和保障，让这些人才能够安心在乡村地区干事创业，在乡村地区成就一番事业。

为各类人才提供支持和保障，需要基层组织和政府积极探索，主动作为，敢于打破陈规陋习，敢于特事特办，勇于新事新办，鼓励和吸引返乡下乡人员以入股、合作、租赁、协作等方式，开发闲置农房发展乡村旅游、休闲民宿、文化创意、农村养老等经营性活动。[①] 无论是基层组织、基层政府，还是乡村居民，都应当认识到人才在乡村振兴和发展中经济作用，一定要破除小农经济思维的束缚，真正形成和树立尊重人才、珍惜人才的价值导向，切实为各类人才营造公平经营竞争环境。不论是本地人才，还是未来人才，都能够安心在广阔乡村天地干事兴业，实现自身的价值。

习近平总书记指出，要推动乡村人才振兴，把人力资本开发放在首要位置，强化乡村振兴人才支撑，加快培育新型农业经营主体，让愿意留在乡村、建设家乡的人留得安心，让愿意上山下乡、

---

① 刘馨. 关于乡村人才振兴的研究[J]. 农场经济管理，2018（10）.

回报乡村的人更有信心，激励各类人才在农村广阔天地大施所能、大展才华、大显身手，打造一支强大的乡村振兴人才队伍，在乡村形成人才、土地、资金、产业汇聚的良性循环。对于各地组织和政府来讲，要按照总书记的要求和指示，探索建立起"下得去、留得住、干得好、流得动"的长效机制，全面激发农村的创新活力。

第三节　正乡风促文化振兴

乡村振兴，既要塑形，也要铸魂。乡村振兴的产业兴旺是塑形的工作，那么文化振兴就是铸魂的工作。乡村振兴，要物质丰富，更要精神丰富；农业产业要发展，经济社会要进步，乡村地区的文化、乡村居民的精神同样需要振兴。文化振兴是乡村振兴的灵魂，先进文化对于促进经济社会全面发展和生态文明建设具有积极作用。[①] 乡村振兴，文化先行。文化振兴能够为乡村全面振兴提供哺育和支撑，是乡村振兴的力量之"根"，发展之"魂"。[②]

习近平总书记指出："要推动乡村文化振兴，加强农村思想道德建设和公共文化建设，以社会主义核心价值观为引领，深入挖掘优秀传统农耕文化蕴含的思想观念、人文精神、道德规范，培育挖掘乡土文化人才，弘扬主旋律和社会正气，培育文明乡风、良好家风、淳朴民风，改善农民精神风貌，提高乡村社会文明程度，焕发乡村文明新气象。"

一、文化振兴在乡村振兴战略中的意义

在乡村振兴战略实践中，不能片面强调经济发展、物质丰富，更要繁荣农村文化，以优秀文化、先进理念提振乡村社会的精气神，为乡村振兴战略实践提供源源不竭的精神动力。

---

① 刘欣.北京生态涵养区乡村振兴战略实施的政策保障[J].北京农业职业学院学报，2019（3）.

② 宋小霞，王婷婷.文化振兴是乡村振兴的"根"与"魂"[J].山东社会科学，2019（4）.

（一）文化振兴是乡村振兴战略实践中的铸魂工程

乡村文化振兴为乡村振兴战略实践提供精神动力和智力支持，是乡村社会凝神聚气的重要抓手，是乡村振兴战略实践的重要保障。我国在经济社会发展中历来强调精神文明和物质文明建设同时进步，两手都要抓，两手都要硬。两个文明不能出现偏废。在乡村振兴战略实践中，同样要强调精神文明建设，而文化振兴就是精神文明建设的重要内容。

党中央、国务院在《关于实施乡村振兴战略的意见》（2018 年中央 1 号文件）中明确指出，乡村振兴，乡风文明是保障。必须坚持物质文明和精神文明一起抓，提升农民精神风貌，培育文明乡风、良好家风、淳朴民风，不断提高乡村社会文明程度。因此，文化振兴是乡村振兴战略实践中的铸魂工程，要在推动乡村经济社会发展的同时，不断丰富乡村居民的精神世界、文化生活，让乡村居民在社会发展中有充分的获得感、幸福感。

（二）文化振兴是增强乡村居民社会主义新时代获得感的重要保障

乡村振兴战略实践，不仅要实现农业产业的调整、升级、发展和质量提升，实现乡村社会环境的建设升级，实现乡村居民人居环境的改善，更要从精神上重塑乡村居民的世界观、人生观、价值观。

社会主义发展进入到新时代、新阶段，社会已经发生了翻天覆地的变化，物质上要进步，精神上也要与时俱进。在社会主义核心价值观引领下，整个社会的精神状态已经焕然一新，正在实现中华民族伟大复兴的征程上大步迈进。社会的发展进步，社会的建设成就，都是实实在在的。社会的发展进步蕴含着乡村居民的付出和努力，要通过文化振兴，让乡村居民切实感受到社会主义新时代所取得的伟大成就，所实现的伟大发展。因此，坚持在推进乡村振兴战略实践中扎实推进文化振兴，不断促进社会主义核心价值观在乡村社会落地生根，不断促进以社会主义核心价值为核心的社会主义先进文化在乡村居民心中生根发芽，不断激发乡村居民积极投身于乡村振兴战略实践的积极性、主动性，是乡村振兴战略高质量发展的需求。通过文化振兴，乡村社会文明程度不断提高，乡村文明焕发新生机、新活力，不断强化乡村居民对社会主义新时代大发展、大成就的自豪感。

（三）文化振兴是乡村振兴战略实践不竭的动力源泉

乡村振兴战略是党中央立足社会主要矛盾变化，着力解决城乡文化发展不平衡和农村文化发展不充分的战略选择，也是乡村振兴战略的重要任务和必要保障。① 乡村振兴不是一时的振兴和发展，而是关系到乡村社会发展的系统工程，是关系到乡村居民生活幸福的长期工程，需要长期坚持落实党的各项政策，需要长期不间断地大力进行建设和发展。这就需要通过文化振兴，不断激发乡村居民对美好生活的追求，从生产上、生活上、思想上树立起可持续发展的理念，自觉走可持续发展之路。

乡村振兴的可持续发展之路，需要长期的坚持。是全社会，尤其是乡村社会必须要坚持的原则。要通过文化振兴，为乡村振兴战略实践提供不竭的创造力，提供不竭动力。要通过文化振兴，赋予乡村居民坚实的精神力量，为乡村发展提供持久的精神动力，不断推动乡村社会沿着社会主义康庄大道大步前进。

二、乡村振兴战略实践中文化振兴之路

（一）始终坚持乡村居民在文化振兴中的主体地位

人民群众是乡村文化的创造者，是乡村优秀传统文化的传承者。乡村文化振兴首先要注重乡村文化人力资源建设，汇聚乡村文化传承发展人气，激活乡村文化发展内生动力和活力。② 乡村文化振兴，要以乡村社会为本，以乡村居民为本，以乡村居民日常生产生活为本，这是乡村文化发展建设乡村文化的根本依托。乡村文化

---

① 宋小霞，王婷婷，文化振兴是乡村振兴的"根"与"魂"[J].山东社会科学，2019（4）.

② 李国江.乡村文化当前态势、存在问题及振兴对策[J].山东农业大学学报（社会科学版），2019（2）.

振兴必须依托乡村居民的文化自觉和文化意识，依靠乡村居民的文化自尊和文化自信。无论是传承民族传统文化，还是创造新时代社会主义核心价值文化，都离不开乡村居民自觉行动。费孝通先生曾经指出："长期以来，依托于乡村生活的农民，以乡土为根基，以乡情为纽带，形成了难以割舍的恋乡情结。"① 乡村居民的主体地位决定了乡村文化振兴离不开乡村居民。本质上，乡村文化振兴也是为农村居民实现美好生活需求服务的，也是为了提升乡村居民幸福感、获得感而服务的。乡村文化振兴以满足乡村居民多样化的文化需求为出发点，以保障乡村居民的文化权益为落脚点。只有广大乡村居民广泛参与，积极参与，才能真正创造出符合时代发展，符合乡村居民需求的、具有广泛基础的新时代乡村文化。

（二）要注重对传统乡村文化的挖掘、传承

文化振兴促进乡风文明，促进治理有效。习近平总书记非常注重对中国传统文化的发掘和弘扬，提出要弘扬传统文化，提升文化自信，要在中国传统文化中吸取治国理政的思想精华。同样，在乡村振兴尤其是乡村文化振兴中，更要注重传统文化的挖掘和传承。乡村是中国传统文化的重要载体。② 通过挖掘和开发，弘扬乡村文化传统中具有时代性、积极性的道德观念、责任意识等，让传统文化在新时代焕发新的生机和活力，让传统文化同现代文明有机结合，互为补充，互为助力。

乡村传统文化是乡村居民在长久的共同生产和生活中形成的具有共同心理基础的价值取向的表现，通过日常行为的联结，把乡村居民聚合在一起，并天然地形成一种约定俗成的规则，从内心深处约束着乡村居民的言和行。随着时代发展和新的文化形态、文化内容的冲击，传统乡村文化逐渐在乡村居民心目中失去生机和活力。现在就是要以乡村振兴为契机，充分挖掘乡村传统文化，激发其积极因子，融入乡村文化和建设中去，实现乡村传统文化的创新。

---

① 费孝通．乡土中国[M]．北京：北京大学出版社，1998．
② 加芬芬．传统文化复兴与村庄文化功能优化[J]．探索，2019（2）．

（三）要坚持以培育乡风文明促进乡村文化振兴

乡村文化振兴的核心是乡风文明。乡风文明是乡村振兴在精神层面最直观的表现形式，是乡村文化振兴的核心所在。乡风文明是乡村振兴和乡村治理现代化的要义和保障，也是乡村振兴的精神动力。[①] 乡风文明是乡村振兴的重要内容，是乡村文化建设的着力点，也是乡村文化振兴的落脚点。

随着经济的发展，乡村居民的物质生活日渐丰富，但是乡村居民在精神生活方面却未能与物质文明发展同步。比如说，现在乡村地区出现的天价彩礼现象，红白喜事大操大办、相互攀比现象，一些地区乱七八糟的份子钱花样百出等，其实都是乡风不文明的现象，也突出反映了乡村文化建设的滞后。推动乡风文明，促进乡村文化振兴，二者是一体的。培育文明乡风，要把新时代精神文明建设、社会主义核心价值观建设作为文化建设的主旋律，推动乡风文明积极、健康、向上。要把社会道德培育、家庭生活美育结合起来，以良好家风引领移风易俗，崇德向善。要通过形式多样的活动和宣传，激发乡村居民内心深处淳朴的文化基因，自我约束、自我管理、自我服务，自觉破除陈规陋习，积极传播现代文明理念，不断形成积极、健康、向上的乡村社会风气和精神风貌。培育文明家风，积极开展"传家训、立家规、扬家风"活动，弘扬传统家庭美德、现代家庭理念，培育优良家风家教，以好家风温润好民风。

（四）要加强乡村地区文化服务和保障

乡村文化振兴的支撑是文化供给。对于乡村文化振兴来讲，尤其要做好文化产品供给和文化服务保障。在调查中发现，很多村落由于比较偏远，文化生活极度贫乏，可能日常最大的娱乐项目就是看电视了；若是在那些没有通电的地方，围坐在一起侃大山、摆龙门阵就是一种休闲、娱乐。这在以前的农村地区是普遍的现象。现在经济较为好转的乡村地区，建立有文体娱乐设施、图书屋等，但

---

① 唐兴军，李定国．文明嵌入：新时代乡风文明建设的价值取向与现实路径[J]．求实，2019（2）．

在很多刚解决了温饱问题的地方，文化生活还是极为单调、贫乏的。

乡村文化振兴，就要着力解决文化服务和保障问题。政府组织的"送文化"下乡是一种非常好的形式，能够在一定程度上缓解乡村地区文化产品供给不足的矛盾。但这不是长久之计，毕竟"送文化"下乡工作会受到季节的限制，一年只有那么一两次。解决问题的关键还是从乡村地区内部挖潜。政府还是要统筹规划，加快推进乡村公共文化服务体系建设，建设村综合文化服务中心、图书室等。综合文化服务中心以行政村为单位，保证每个村委会有一个功能、设施能够满足乡村群众日常文化生活需求，能够正常运转的服务中心。图书室要以自然村为单位。如果是自然村连片居住，可以集中到综合文化服务中心；如果自然村比较分散、彼此距离较远，就应当以自然村为基础建立。增强乡村地区文化服务和保障，还要探索、协调好好"送文化"和"种文化"两种文化服务保障模式。送文化是政府的供给和保障；种文化是乡村地区文化需求的自我服务和保障。送文化要把党的政策、方针，新时代社会主义文化精神和内容用喜闻乐见、通俗易懂的方式传递给乡村居民；种文化则需要乡村居民在田间地头、家长里短中把内含的文化符号都开发出来，自发、主动地获取文化滋养，丰富自身的精神世界，在文化滋润中感受新时代文化的营养。

第四节　美环境促生态振兴

乡村振兴，生态宜居是关键。2013 年习近平总书记在海南考察时指出，良好生态环境是最公平的公共产品，是最惠民的民生福祉。[①] 生态振兴是乡村振兴的重要内容之一，对于农村生态文明建设起着非常重要的作用，是实施乡村振兴战略的基础和保障。[②] 良

---

① 习近平在海南考察：加快国际旅游岛建设[N].人民日报，2013-04-11（1）.

② 高红贵，赵路.探索乡村生态振兴绿色发展路径[J].中国井冈山干部学院学报，2019（1）.

好生态环境是农村最大优势和宝贵财富。

一、生态振兴的意义

对于广大农村地区来讲，以改善人居环境为主要内容的生态振兴，是乡村振兴持之以恒的发展方向和策略。乡村振兴所擘画的发展和振兴，是绿色的发展、绿色的振兴，是在实现经济发展的同时，切实保护好自然生态。生态振兴要求是"生态宜居"目标的基础，也是"生态宜居"目标实现的必然要求。

（一）生态振兴是乡村振兴战略实践的重要基础

习近平总书记多次强调保护生态环境就是保护生产力，改善生态环境就是发展生产力，生态兴则文明兴，生态衰则文明衰，生态环境是关系民生的重大社会问题。生态环境在社会生产、生活中的地位作用已经不容否定。任何时候以牺牲生态环境为代价的经济发展，都是畸形的不健康发展，也必将受到大自然的惩罚。之所以强调生态环境的重要性，是因为生态环境是人类社会生存与发展的重要基础。没有生态、没有生态环境，一切无从谈起，更谈不上人类、人类社会、人类社会发展。[1] 以前的乡村地区山清水秀、鱼虾成群，但在片面追求经济发展的时期，各地不注重生态环境保护，污水横流、乱砍滥伐，结果山变秃了，水变臭了，鱼虾不见了，飞鸟也不再停留。这都是大自然对人类的惩罚。现在，强调生态宜居，生态振兴，就是要修复受损的乡村地区的生态环境，以优良的生态环境促进乡村振兴，实现乡村地区的健康发展，可持续发展。

（二）生态振兴是乡村振兴战略实践的重要抓手

乡村振兴，是全面的振兴。作为发展和振兴基础的生态振兴，是实现乡村振兴的重要抓手。生态振兴，说到底是改变乡村的环境，既要改变生产环境，也要改变生活环境。生产环境好转了，乡村的产业调整升级就有了坚实的基础；生活环境改善了，就能吸引外流乡村精英回流，回到乡村地区生活，就能够吸引外部人才和资

---

[1] 黄国勤. 论乡村生态振兴[J]. 中国生态农业学报，2019（2）.

金投入到乡村建设中。所以习近平总书记 2013 年 12 月在《中央城镇化工作会议》发出号召，要依托现有山水脉络等独特风光，让城市融入大自然；让居民望得见山、看得见水、记得住乡愁。

望得见山、看得见水、记得住乡愁，只是生态振兴的第一步。生态振兴，还要让乡村的各类人才能够"看得见未来"。看得见未来，就要让乡村精英和人才在拴心留人的环境中大展身手，大展才华，在乡村地区实现发展。

（三）生态振兴是实现乡村振兴高质量发展的重要保证

良好的生态环境是农村最大的优势和宝贵财富。农村地区有着丰富的资源，过去由于缺乏规划，缺乏整体的协调，导致生态环境受到破坏。现在，要通过绿色发展，实现乡村地区的振兴，生态振兴是实现乡村振兴高质量发展的重要保证。农业绿色发展是经济基础，乡村生态保护与修复是根本大计。[①]

现在乡村地区的生态整治和修复工作取得了突出的成就，但与绿色发展要求，与乡村振兴战略目标要求，还存在很大的距离，还需要加大工作力度，在政府的主导下，不断推动以生态宜居为总目标的生态振兴。还要坚持两条腿走路，在乡村生态修复和建设的同时，促进产业振兴，把生态振兴和产业振兴结合起来。在促进生态振兴过程中，首先要把人居环境整治放到首要地位，留住乡村振兴的人才这个最大的资源；其次是要加强生态保护和开发，在保护中开发、利用，为乡村地区发展提供源源不断的资源供给，实现可持续发展。总之，绿色、健康的生态环境，是生态振兴根本特征，是实现乡村振兴战略实践高标准、高质量向前推进的重要保证。

二、坚持绿色发展的生态振兴之路

生态振兴，要坚持人与自然和谐共生，走乡村绿色发展之路。生态振兴与乡村振兴和发展是有机统一的整体。在乡村振兴战略实

---

① 朱斌斌，冯彦明，乡村生态振兴的长效机制探析[J].农村金融研究，2019（1）.

践中，要始终树立和坚持"绿水青山就是金山银山"的生态发展理念，坚持"节约优先、保护优先、自然恢复为主"的原则，在乡村经济发展与山水林田湖草等系统治理间做好协调，始终坚守生态保护红线，以绿色发展引领生态振兴、促进乡村振兴。

（一）坚持生态振兴与经济发展相结合

乡村振兴战略，根本目标是促进乡村地区的发展，最终实现农民富的目标。经济发展要贯穿乡村振兴战略实践的始终。乡村地区的发展是健康的发展、绿色的发展，生态振兴是乡村经济发展的主要保证。构建乡村地区生态振兴长效机制，就要坚持生态振兴与经济发展相结合，任何时候都不能以牺牲生态环境为代价谋求经济发展。

1. 要把生态振兴融合到乡村振兴之中

生态振兴是乡村振兴的重要内容，乡村振兴是生态振兴的根本目标。生态振兴和乡村振兴是紧密联系在一起的整体。要在产业融合中实现乡村振兴，并促进农民增收。把高质量的融合发展作为乡村经济发展的基础，通过特色资源、特色产品，引领乡村生态农业的发展，如观光农业、休闲农业等，把农村地区富有生机、活力、吸引力的生态经济，融入生态振兴之中，使二者在融合中发展，实现生态环境对乡村经济发展的促进和推动。

2. 要把生态振兴作为长期目标抓好

生态振兴是长久的目标，不能追求短期效益。对于乡村地区来讲，要坚持把生态振兴同乡村社会长久的发展结合起来，不能为了发展而强调生态，而是要树立"只有生态环境好了，才能有发展的后劲儿"的观念。早在中共十四届五中全会上，江泽民总书记就强调，必须切实保护资源和环境，不仅要安排好当前的发展，还要为子孙后代着想，决不能吃祖宗饭、断子孙路，走浪费资源和先污染、后治理的路子。[①] 习近平总书记也多次强调可持续发展的重要性，指出，我们不能吃祖宗饭，断子孙路，用破坏性方式搞发展。

---

① 资料来源：江泽民总书记在十四届五中全会上的讲话。

绿水青山就是金山银山。我们应该寻求永续发展之路。① 对于乡村居民来讲，决不能目光短视，为了短期经济效益而再做"断子孙路"的蠢事，而应当走绿色发展、持续发展之路，永葆乡村振兴和发展的活力。

3. 要注重发挥政府在生态振兴中的作用

乡村生态振兴不能搞全国一盘棋，也不能搞各自为政，否则很难建立起长效机制。② 乡村居民对于生态环境的重要性，对于生态环境保护和修复的重大意义以及紧迫性等，认识上会存在诸多差距，也因此导致他们在生态环境的修复和保护上无法投入较多的精力、财力、物资等。生态振兴，说到底，还是应当由政府主导，并通过广泛的宣传和发动，引起并强化乡村居民对生态振兴重要性的重视，逐渐培养他们保护生态、保护环境的意识以及行动。政府及职能部门要加强对乡村生态环境保护工作的检查、督导，通过奖惩机制，促使乡村居民自觉爱护环境，从而推动乡村地区生态振兴。

（二）坚持绿色发展促生态振兴

良好的生态是乡村发展和振兴的财富。绿色发展与生态振兴并不矛盾，二者同是乡村振兴战略实践的要求。绿色发展，要求在发展中注重对生态环境加强保护，要走品质发展之路，不断提升乡村的发展质量。生态环境的修复、振兴正是乡村经济绿色发展的坚实基础。

坚持绿色发展是生态振兴的必然要求。乡村振兴实践中，要坚持发展与保护并重。在项目选择、施工建设等进程中，要坚持"环保优先"的原则，不能为了经济利益牺牲绿水青山，要严守生态红线，③

---

① 资料来源：习近平总书记在 2017 年 1 月 18 日瑞士日内瓦出席"共商共筑人类命运共同体"高级别会议上所作的《共同构建人类命运共同体》的主旨演讲。

② 朱斌斌，冯彦明，乡村生态振兴的长效机制探析[J].农村金融研究，2019（1）.

③ 资料来源：根据 2014 年环境保护部《国家生态红线——生态功能基线划定技术指南（试行）》，生态保护红线是我国环境保护的重要制度，其实质是生态环境安全的底线。划定生态红线的目的是建立最为严格的生态保护制度，维护国家生态安全。具体来说，生态保护红线可划分为生态功能保障基线、环境质量安全底线、自然资源利用上线。

确保发展不破坏生态环境、不危及生态环境。只有这样的发展，才是绿色发展。这样的绿色发展，也必然会促进乡村地区的生态振兴。

以绿色发展引领乡村社会生产生活方式的转变。相对于传统发展模式，绿色发展是对乡村社会生产生活方式的变革，是对陈旧观念、意识、行为的革新。人与自然是生命共同体。在乡村振兴实践中，乡村社会的发展要与自然和谐共生，只有处理好人与自然的关系，才能实现绿色发展目标。习近平总书记指出，绿色发展，从其要义来讲，是要解决好人与自然和谐共生问题。① 乡村振兴实践中，乡村社会的经济发展，乡村社会的生产生活方式，都须建立在尊重自然、顺应自然、保护自然的基础上，对自然有敬畏之心，否则就会受到大自然的惩罚。

坚持绿色发展，就要树立和践行绿水青山就是金山银山的理念；就要始终在发展中坚持节约资源、保护环境；就要在乡村振兴、生态振兴中，统筹协调好自然资源与生态环境系统治理；就要在生态振兴实践中，逐渐抛弃陈旧的生产方式、生活习惯，逐渐适应社会发展要求，形成绿色发展方式和生活方式。② 对于乡村居民来讲，要在农业生产中改变原来的耕作方式，科技种田，科学增收；要在日常衣食住行中注意节约、低碳、文明、健康。

（三）加强生活环境整治促进生态振兴

十九大报告指出：倡导简约适度、绿色低碳的生活方式，反对奢侈浪费和不合理消费，开展创建绿色家庭、绿色社区和绿色出行等行动。③ 从十八大提出"生态文明"建设，到十九大倡导绿色发展，无不体现国家对生态环境工作的重视。

乡村生态文明建设的成效，是衡量农业农村现代化质量的重要

---

① 习近平．关于社会主义生态文明建设论述摘编［M］．北京：中央文献出版社，2017.

② 李垣．绿色发展理念的科学内涵［J］．三峡大学学报（人文社科版），2019（5）.

③ 资料来源：中国共产党十九大报告。

标尺。① 乡村人居环境是乡村居民最主要的活动空间，能够充分体现乡村生态环境的现实状况。乡村社会人居环境的改善能够集中反映乡村生态振兴的成果，因而，在乡村生态振兴中，要注重加强乡村社会人居环境的整治。人居环境整治，应当根据《农村人居环境整治三年行动方案》提出的要求，按步骤组织进行。人居环境改善了，好转了，变好了，乡村居民才会切身体会到生态环境对他们的益处和重要性，乡村居民才会下决心投入必要的精力、物力、人力、财力去整治环境，治理生态。因此，加强人居环境整治能够有效促进乡村地区的生态振兴。

人居环境整治，可以首先以家庭为单位，整理好各村各户的庭院环境。整治好庭院环境，要彻底进行"厕所革命"。这是改变乡村居民生活习惯的重要环节，也是整治人居环境的关键步骤。"厕所革命"所反映不仅是对生活方式、生活习惯的改变，更是对生产方式的变革。如果这一头等问题解决了，乡村社会生态振兴就成功了一半。整治好庭院环境，还要做到畜禽入圈。畜禽散养非常破坏居家环境，甚至会造成邻里关系紧张。如果畜禽入圈，既可以解决畜禽粪便污染环境的问题，也可以减少或杜绝畜禽糟蹋庄稼以至于引发邻里矛盾等问题。整治好庭院环境，还要杜绝乱搭乱建、私拉乱扯等现象。乡村社会中存在的在房前屋后乱搭建现象比较突出；此外还有乱拉电线、网线等，整个墙头扯得像蜘蛛网似的，破坏了环境，而且还有诸多安全隐患，因此要加强治理，整治出干净、整洁的生活环境。整治好庭院环境，还可以宣传发动乡村居民美化自家庭院，通过栽花种树，把房前屋后的空地利用起来，既防止土地闲置，也可以美化环境。

人居环境整治，还要做好乡村垃圾处理工作。垃圾乱扔，垃圾乱倒等现象，在很多乡村地区还是比较普遍的。人居环境整治，尤其要注重垃圾处理工作。随着乡村振兴战略的实践，现在条件具备的村落基本上都建设有集中的垃圾处理点，能够较好地解决垃圾乱

---

① 张厚美. 找准乡村生态振兴的着力点[J]. 资源与人居环境，2018（7）.

倒的问题。在生态振兴中，还要做好宣传教育，引导乡村居民坚决改正随手乱丢垃圾的不良习惯。此外，对集中堆放的垃圾，有条件分类的尽量进行分类，促进垃圾的循环利用，减少污染；此外还要坚决杜绝直接在垃圾堆放点进行焚烧。这不仅有触发火灾的危险，更会造成垃圾的二次污染。改善人居环境，只有通过不间断的、大力的整治，才能够逐渐实现垃圾处理"减量化、资源化、无害化"。①

人居环境整治，还要注重做好乡村居民良好生产生活习惯的养成。以人居环境整治促进乡村生态振兴，是为了乡村居民过上的幸福生活，同时也要依靠乡村居民进行生产生活环境整治，只有充分尊重乡村居民的主体地位并充分发挥其主观能动性、整治积极性，人居环境的整治才能取得成功，才能提升乡村居民的生活幸福感。之所以要强调培养乡村居民良好的生产生活习惯，是因为在长久的乡村生活中，有一些不太好的生活习惯其实一直伴随乡亲们的日常生活，如随手乱丢乱扔垃圾，随地吐痰，一些小孩子随地大小便，散养畜禽到处乱跑，等等。另外一些生产习惯也需要着力改变，比如乱丢农药瓶子、洗涮药桶的有毒废水随意倾倒，为了生产生活方便随意在田间地头取土，为了庄稼生长而砍伐灌木，为了增加产量、防止病虫害滥施化肥农药等。这些现象在乡村社会中随处可见。恰恰这些现象长久存在，破坏了乡村的生活环境。因此，人居环境整治，提升生活环境质量，提升乡村居民生活幸福感，促进乡村生态振兴，就要从乡村居民的日常习惯改变入手。乡村居民的生活习惯改变了，人居环境整治也就成功一大半了，乡村生态振兴也就指日可待了。

（四）坚持以科技创新促进乡村生态振兴

在农业发展转型升级的过程中，科技创新起着关键性作用。科学种田，科学增收已经成为新时期农业发展、农民增收的首选项。对于乡村居民来讲，化肥农药等农资价格的不断上涨，也促使乡村居民在农业生产过程中探索新的生产经营方式，比如新种子的应

---

① 张厚美. 找准乡村生态振兴的着力点[J]. 资源与人居环境，2018（7）.

用，比如按比例施用化肥，比如科学选育品种等，都是科技创新的体现。因此，乡村生态振兴必须走科技创新之路，坚持以科技引领生态振兴之路。

科技创新引领生态振兴之路，要有新思路、新技术。新时代，我国农业发展进入了转型期。农业生产完全依靠化肥、农药获得高产的发展模式已经难以为继，只有通过科技创新，提供新的发展思路，才能实现可持续发展。① 化肥和农药是现代农业生产必不可少的基础农资，在农业增产增收方面发挥了突出的作用。但化肥农药的使用对乡村生态环境的破坏也是显而易见的。我国目前化肥年总用量在5 000万吨左右，平均每亩施用量是世界平均水平的3倍左右。过量使用的并未被农作物充分利用，而是被土壤截留，造成土壤酸化②，农药过量施用的问题也十分突出。以2015年为例，农药总用量达到132.8万吨，但$80\%\sim90\%$的农药进入土壤、水体、造成土壤、水源污染。③ 除了化肥、农药滥用滥施造成乡村生态环境污染外，还有农作物秸秆、畜禽粪便、废旧农资（如薄膜等）的污染，也是农村生态振兴的大敌。因此，在农业生产发展转型进程中，要注重科技创新，以科技引领乡村生态振兴。农药、化肥要严格按照比例施用，还要根据土壤条件选用适合的化肥。畜禽粪便可以和秸秆循环利用结合，发展有机农业。此外，新技术、新方法的应用应当得到重视。通过新技术、新方法、新品种、新技能的应用，在提高农产品科技附加值的同时，也能够减少农药、化肥对土壤、对水体、对大气等的污染、破坏，从而维护乡村生态环境，促进生态振兴。

科学技术是第一生产力。在生态振兴过程中，重视生态科研，研发适合乡村的新型、实用生态技术，加速推进乡村生态振兴。如前所述，我国乡村地区广大，农业资源、气候条件复杂，差异性较

---

① 徐义流. 乡村生态振兴的科技路径[J].农业科技管理，2018（12）.

② 李仲春. 我国农业面源污染现状及防治对策[J]. 现代农业科技，2012（14）.

③ 束放，熊延坤，韩梅.2015年我国农药生产与使用概况[J].农药科学与管理，2016（7）.

大，不可能用一种固定的模式促进、实现生态振兴。因此，加强科技研发，采用具有针对性的措施，促进不同地区的生态振兴就非常必要。具体来讲，根据生态振兴的需求和实际，根据各乡村的具体情况，通过与高等院校、科研院所合作，开展适合本乡村的生态科学研究；要广泛吸收、引进国内外先进的乡村生态技术，通过试验、示范加以推广，实现"为我所用、跨越发展"；要通过开展乡村生态科研，培养人才、发现人才，实现科研、人才双丰收。[①]

总而言之，乡村生态振兴，不是朝夕之功，而是要久久为功，相对于眼前的经济利益来讲，生态振兴的效益和价值需要很长的时间才能显现出来。无论是政府，还是乡村居民，都要摒弃短视行为，要放眼未来，以可持续发展的眼光看待乡村生态振兴的意义。乡村生态振兴是一项任务重、难度大、要求高的伟大事业，必须要有长期作战、持续发力、久久为功的思想准备和战略安排，必须要一任接着一任干、一期接着一期做、一张蓝图绘到底，方能如期实现预期目标。要克服急功近利、急躁冒进的短期行为，要有长远打算、长期安排。只有这样，我国乡村生态振兴才大有希望，才能真正实现乡村绿色振兴、绿色发展。[②]

第五节　聚民心促组织振兴

十九大报告强调：党的基层组织是确保党的路线、方针、政策和决策部署贯彻落实的基础。乡村振兴战略实践中，党的基层组织的战斗堡垒作用是实现乡村振兴战略目标的有力领导和重要保障。习近平总书记在参加 2018 年全国人大会议山东代表团审议时强调指出，要推动乡村组织振兴，打造千千万万个坚强的农村基层党组织，培养千千万万名优秀的农村基层党组织书记，深化村民自治实践，发展农民合作经济组织，建立健全党委领导、政府负责、社会协同、公众参与、法治保障的现代乡村社会治理体制，确保乡村社

---

① 黄国勤．论乡村生态振兴[J].中国生态农业学报，2019（2）.

会充满活力、安定有序。① 党的力量来自组织，组织能使力量倍增。基层党组织，是实施乡村振兴战略的"主心骨"。农村基层党组织强不强，基层党组织书记行不行，直接关系乡村振兴战略的实施效果好不好。

一、建强基层党组织，强化基层党组织的领导作用

基层党组织是指乡村地区村党支部委员会。基层党组织是党的领导在乡村地区的具体体现，通过对乡村建设的规划和实施，通过对乡村建设的把关定向，通过对村民委员会及其他村民自治组织的指导和监督，实现其在乡村建设和发展中战斗堡垒作用。

要根据乡村振兴战略规划总体要求，选准配强基层党支部班子，坚持以抓党建促乡村振兴战略实施。在配强党支部班子的时候，要注重突出政治功能，注重提升组织力，确保把农村党支部委员会建成乡村振兴战略实践的坚强战斗堡垒。

要注重强化农村党支部委员会的领导核心地位，通过农村党员先锋模范作用的发挥，以一点带一片、一人带一户、一支部带一村，从小到大，从点到面，抓住贫困村、贫困户这个关键，通过精准扶贫等措施的扎实推进，不断体现村党支部委员会的先锋模范作用和带头作用。

要建立选派第一书记工作长效机制。"第一书记"中央统一部署，从各地各机关中，选派出有知识、有干劲、有感情、有思路的党员干部，到那些基层党建工作较弱、组织较为涣散、战斗力领导力未能充分展现的村组去，到条件最艰苦的基层一线去，和群众同吃同住，为当地制定规划，发展生产，带动村民一同致富，一起发展。选派"第一书记"，充分表明党中央对农村党建重要性有清醒的认识，也显示出党中央对乡村振兴工作的重视。"第一书记"不是权宜之计，而是长效工作机制。在乡村振兴战略实践中，要持之

① 习近平．习近平总书记在参加十三届人大一次会议山东代表团审议时的讲话[N]．人民日报，2019-03-09（1）．

以恒地按照党中央的决策部署，继续选派政策意识强、执行能力强、法律意识强、服务意识强的党员干部到基础党组中去，确保基层党组织永远是"宣传党的主张、贯彻党的决定、领导基层治理、团结动员群众、推动改革发展的坚强战斗堡垒。"[①]

加强对农村党员队伍的教育、管理、监督，确保每一名党员都成为乡村振兴战略实践的一面光辉旗帜，引领、带动乡村居民发展生产、进行建设。对党员的教育和管理，应当通过党的组织生活进行，要真正落实"三会一课"、主题党日、谈心谈话、民主评议党员、党员联系农户等制度，用党的先进理论武装党员头脑，清除党员队伍中存在的自私自利心理，清除党员队伍中的投机分子，确保农村党员队伍纯洁、纯净。

二、深化村民自治实践，充分发挥村民自治组织的主体作用

村民自治制度是宪法所确认的基本政治制度之一，是乡村居民当家作主的直接体现，是我国政治民主在乡村地区的充分展示。村民自治制度建立 40 余年来，极大地促进了乡村地区经济社会发展，极大地保证了农业发展、农村富裕、农民增收。在乡村振兴战略实践中，要继续深化村民自治实践，充分调动乡村居民的积极性、主动性、创造性，确保乡村振兴战略各项目标顺利实现。

要继续加强村民自治组织建设。为了加强基层工作的协调和推动，可以继续探索推进村党支部书记通过选举担任村委会主任，实行"一肩挑"或"交叉任职"，形成乡村振兴战略实践的领导、执行的合力，更加扎实地推进乡村地区各项工作的完成。

要充分重视并发挥村规民约的积极作用。村规民约由村民协商制定，是对乡村社会中的家长里短、日常生产生活等事情进行规范和约束，是除了宪法、法律、法规之外，乡村社会普遍存在的行为规范。乡规民约由村民自主制定，村民自觉遵守，在维护乡村社会

---

① 资料来源：《乡村振兴战略规划（2018—2022年）》第二十五章。

秩序中发挥着不可替代的积极作用。乡村振兴战略实践中，在加强乡村社会治理时，还应当继续发挥乡规民约的积极作用。

要充分发挥村级村务监督机制的作用。阳光是最好的防腐剂，权力要在阳光下运行。这是确保权力为民所用、维护群众利益的基本要求。在乡村振兴战略实践中，要注重推行村级事务阳光工程，要把那些关系乡村建设、关系村民切身利益的事情向村民公开，自觉接受村民的监督。村务公开，要充分发挥村民会议、村民代表会议、村民议事会、村民理事会、村民监事会等的作用，健全监督机制。

要探索推进村民自治实践向村民小组或自然村下沉。我国农村地区面积广大，南北东西差异大，有不同的生产、生活传统和习惯，经济社会发展不平衡，发展的基础、环境也不同。在以行政村为单元实行村民自治的基础上，还应当探索实践以村民小组、自然村为单元的村民自治，实现统一性与灵活性、整体性与个体性相结合，建立起立足实际、形式灵活的村民自治实践，确保村民自治制度保有持久的生命力。

要加强培育服务性、公益性、互助性农村社会组织。曾经广泛在乡村社会存在并发挥出积极作用的互助合作组，随着乡村社会的发展、农业科技的进步、农业基础设施的建设，渐渐减少、乃至消失。但随着农村剩余劳动力尤其青壮年劳动力向城市转移，留守乡村生活的老弱妇孺成为乡村居民的主体，在生产、生活中都面临着诸多的不便，难以适应现代农业生产发展的要求。因此，乡村振兴战略实践中，要注重培育和建设服务性、公益性、互助性农村社会组织，通过互助合作、相互帮扶，确保农业生产的顺利进行，确保农村生活有序进行。

第六章

乡村振兴战略的创新实践

我国农村地区范围广大，乡村居民人口基数比较大。在乡村振兴战略实践中，要充分正视南北东西差异大，生产、生活传统和习惯不同，经济社会发展不平衡，发展的基础、环境不同等诸多实际情况。乡村振兴战略所确定的战略目标以及具体要求，是就一般情况所做出的总体性规划，不可能体现每一个地区、每一个乡村的发展实际。乡村振兴战略实践中，各地区应当在战略规划所确定的总体原则、总体要求的基础上，顺应村庄发展规律和演变趋势，根据不同村庄的发展现状、区位条件、资源禀赋等，按照集聚提升、融入城镇、特色保护、搬迁撤并的思路，分类推进乡村振兴，不搞一刀切。[①] 这里只简单介绍几种当前乡村地区比较常见的创新实践项目。

第一节　特色种植的设计与实施

种植业是乡村地区最广泛、最普通的产业，也是乡村居民最熟悉、最熟练的产业。粮食种植业包括经济农作物的种植，是最主要的组成部分。2019 年，我国夏粮播种面积 26 354 千公顷（39 531 万亩），总产量 14 174 万吨（1 417.5 亿千克）。[②] 统计数字表明，我国乡村地区，粮食种植仍是农业的支撑产业。但在农业发展环境影响下，在国际国内市场影响下，在总体经济环境下，依靠粮食种植实现农民

---

① 资料来源：《乡村振兴战略规划（2018—2022 年）》第九章。

② 国家统计局. 关于 2019 年夏粮产量数据的公告［DB/OL］. http：// www. stats. gov. cn/tjsj/zxfb/201907/t20190712 _ 1675926. html，2019-07-15.

增收是比较有难度的。虽然国家出台了一系列的惠农政策，但除非实现规模化种植，否则粮食种植的增收作用十分有限。基于此，就有必要探索新的发展路子。既然乡村居民最熟悉土地、最熟练种植，就可以转变思路，根据市场需求，发展特色种植，向土地要效益。

一、特色种植项目的选择

特色种植可以创造更大的效益，但特色种植项目的选择十分重要。很难说哪一种项目最好、最挣钱，最适合、最适宜、最有市场前景才是特色种植项目选择的前提。况且，不同地区有不同的生产条件、生产环境，因此，特色种植重在特色，最合适的才是最好的。目前，农业管理部门会向乡村居民推介一些种植项目，可以根据自己的情况进行选择。除此之外，《农村百事通》《农村新技术》等期刊、土流网等网站也会推介一些特色种植项目，可以根据实际情况进行选择。

（一）特色种植项目应当做好前期论证

特色种植能够增收已经成为共识，但特色种植切忌跟风，一定要做好前期论证。这是因为我国南北东西气候条件、气温差异、土质情况、水资源保障等存在相当大的差异。不是说在某一地区效益好的项目到了本地就也能带来可观效益。前期的调查论证是必须的。

1. 本地的自然条件是否适合

不同的植物，对气温、气候、水力、土壤、肥力的需求是不一致的。最简单的例子，南方多种水稻，北方多种旱稻，这是由南北差异水力、气候条件所决定。不管是农产品种植，还是中草药种植；不管是经济林种植，还是果木种植，都须立足本地实际。比如说桉树种植，因为南方多雨，气候比较潮湿，水资源比较丰富，就比较适合桉树的种植。而北方和西部地区干旱少雨，水资源不足，就难以保证桉树生长需求。[①]

---

① 有人把桉树比喻成"抽水机""抽肥机""霸王树"。桉树对土壤的水分需求大，对土壤的肥料和养分需求大。

现在科技已经比较发达，检测鉴定机构也比较多。在种植前一定不能怕麻烦、怕花钱，要利用科技网站提供的信息，到权威检测鉴定机构进行检测，确保本地各方自然条件适应某一项目种植需求，避免盲目跟风。否则就是不舍得花小钱，将来就要花费大钱，得不偿失。常说"磨刀不误砍柴工"，就是这个意思了。

2. 市场前景如何

特色种植是否能够实现可观的效益，是需要市场来检验的。前期论证还应当把拟种植特色作物的市场前景作为重点内容。特色作物种植最忌讳盲目，一哄而上。不看市场需求，不顾市场前景，只顾眼前利益，是无法实现经济效益目标的。这几年关于特色种植，有许多教训值得注意，无论是云南地区的玛卡种植，还是山东蒙阴香椿种植，包括河北地区的山药种植，都是只看到眼前的市场热度，而忽略了市场的认可度、饱和度、持续度，导致投入打了水漂，赔本赚吆喝。因此，无论种植什么品种，一定要注意做好市场调查。

3. 技术基础及更新速度如何

特色种植，讲究的是特色，就一定与传统田地耕作有较为明显的区别。因此，特色作物种植技术的成熟度是一个决定性因素。绝大多数的特色作业种植并无特殊的技术要求，只在水、肥、光照等方面有部分不同要求。但对一些有特别技术要求的作物，一定要确定种植技术是否成熟。尤其是现在人们在生活中都讲究新、奇、特，这类作物往往在技术上要求较高，如果没有一定的技术基础还是不要轻易尝试。比如这几年社会关注度比较高的无土栽培作物，就是比较典型的例子。无土栽培技术要求高，前期投入大，如果没有充足资金、技术支撑，还是不要轻易投入。

（二）特色种植要以市场为依托

特色作物种植，最终要走向市场，由市场来评判其效益如何。一般情况下，由于特色作物的独特性比较明显，还是比较能够吸引社会关注的。关键性的问题是要把这种关注度长久地保持下去，甚至是在不赚钱的困难中，也要坚持，维持住市场，取得市场认可后，效益自然也是有保证的。

现在的特色种植，最大的问题就是市场的关注度不够持久。关于特色种植的例子，最突出的莫过于有机种植、绿色种植，即在种植过程中不施加农药、化肥，虫子靠人工捉，施加的是有机肥料，这自然会增加生产成本，有机作物的市场价格自然居高不下。而群众的消费水平和消费能力还没有达到普遍接受有机食品的程度，这种情况下，有机产品的市场占有率就受到影响，除了在一些高端商超常见有机食品身影外，大众市场是很难见到有机食品的，即使有，其销量也远比不上普通食品。在其他消费支出居高不下的情况下，有机食品不是消费者的首选项，大众、亲民的产品，才更有市场。

特色种植还有一种是芽苗菜种植。植物种子在黑暗或光照条件下直接生长出可供食用的嫩芽、芽苗、芽球、幼梢或幼茎，统称为芽苗类蔬菜，亦即芽苗菜。换一种通俗的说法，就是群众经常食用的绿豆芽、黄豆芽在其他植物种子上的应用。目前，市场可见的芽苗菜有空心菜芽、豌豆芽菜、油葵菜芽、荞麦菜芽、香椿菜芽、小麦菜芽等，因为不经日照，生长周期短，这些芽苗非常鲜嫩，价格十分可观。因此，芽苗菜自问世以来，通过营销，受到了注重养生的人士的追捧；由于主打养生、有机、安全，其价格不亲民，大多数超市难觅其踪影。

有这两个例子可以看出，市场是公正的，不以市场为导向的特色种植是无法经受住市场考验的。特色种植一定要立足市场，坚持以市场为依托。

二、特色种植项目的实施

通过广泛、细致、周密的调查论证，确定下来种植项目后，就是组织投入、开始生产。特色种植的资金、人力、物力投入较大，在组织实施过程中，还应当立足实际，做好选择。

（一）个体化种植

个体化种植是以家庭为生产经营单位的种植，投入较少，规模也较小。个体化种植适用于资金能力较弱、生产技术不高、市场投入要求不高的项目。这类项目生产经营主要依靠家庭投入，主要依靠家庭生产，对外界依赖程度较低，较少受到外界因素的影响；虽然所有收益都归自己，但比较难达成规模化经济效益。另外需要强调的就是，个体化种植应对市场风险的能力不足，很容易因市场调整导致效益下降或损失。

（二）家庭间联合种植

这是由两个及以上家庭进行联合生产经营的项目，投入较多，规模也较大，基本上是中度规模。这种联合型的种植，需要解决好投入、分工、分配问题，要在生产经营前就确定下来，利益共享，风险共担。家庭联合种植要注意的就是做好沟通、协调，确保形成意见一致，形成合力。

（三）以集体经济合作组织为主体的种植

以集体经济合作组织为主体的种植是随着经济体制改革、生产经营观念转变，乡村地区越来越多地采用的生产经营模式。一般作物种植可以采用这种模式，特色种植也可以采用这种模式。这种模式的突出的优势就是形成种植规模，在技术应用、市场开发、深度加工等方面都可以大做文章，实现从生产到销售的一条龙经营，形成产业链。另外就是应对市场风险能力强，能够实现规模效益，效益也比较有保障。需要注意的是要注意合约化经营，共同拟定协议，严格遵守，注重发挥法律、法规的保障作用。

第二节　休闲农业与乡村旅游的设计与实施

休闲农业是指利用田园景观、自然生态及环境资源，结合农林渔牧生产、农业经营活动、农村文化及农家生活，提供民众休闲、增进民众对农业及农村之生活体验为目的的农业经营。休闲农业利用农业景观资源和农业生产条件，由乡村居民或者外部资本进行经营，通过发展观光、休闲、旅游，实现经济效益。休闲农业是在农业产业政策调整、农业生产经营模式转型升级过程中，新兴的农业生产经营形态。休闲农业以农业、农村资源为基础，通过对农业资源的深度开发，通过农业结构调整，从而改变农业生产经营环境，拓展农民增收途径。

休闲农业起源于 19 世纪 30 年代的欧洲，是在城市化进程加快、人口迅速增加、城市生活压力不断增大的情况下产生的。农村生活悠闲、宁静，可以缓解生活压力，因而受到城市人群的追捧和青睐。无论是国外休闲农业，还是我国休闲农业，都保有旺盛的生命力，这与人们日益增长的对美好生活的需求息息相关。

我国是一个历史悠久的农业大国，农业地域辽阔，自然景观优美，农业经营类型多样，农业文化丰富，乡村民俗风情浓厚多彩，具有发展休闲农业的优越条件、巨大潜力和广阔前景。发展休闲农业，可以通过开发农业资源实现农业经营调整和产业结构优化，能够进一步延长农业产业链，实现农村劳动力转移就业，能够不断增加农民收入；同时还可以促进城乡交流，实现城市对农村、农业的支持，实现城乡协调发展。

一、休闲农业模式

休闲农业的开发和发展，能够极大促进乡村振兴战略的实施。2018 年 4 月，农业农村部提出升级休闲农业和乡村旅游行动，为进一步发展休闲农业和乡村旅游提供坚实的政策支持。农业农村部还提出了"培育精品品牌促升级、完善公共设施促升级、提升服务水平促升级、传承农耕文化促升级、注重规范管理促升级"的具体目标要求。[①]

20 世纪 90 年代以来，休闲农业和乡村旅游快速发展，目前休闲农业形态多样，模式众多，初步形成规模，呈现出多样化发展态势。

---

① 资料来源：农业农村部《关于开展休闲农业和乡村旅游升级行动的通知》。

表 6-1　休闲农业与乡村旅游模式

田园农业旅游模式	田园农业游	北京顺义三高农业观光园
	园林观光游	四川泸州张坝桂园林
	农业科技游	北京小汤山现代农业科技园
	务农体验游	广东高要广新农业生态园
民俗风情旅游模式	农耕文化游	新疆吐鲁番坎儿井民俗园
	民俗文化游	山东日照任家台民俗村
	乡土文化游	湖南怀化荆坪古文化村
	民族文化游	西藏拉萨娘热民俗风情园
农家乐旅游模式	农业观光农家乐	湖南益阳花乡农家乐
	民俗文化农家乐	贵州郎德上寨民俗风情农家乐
	民居型农家乐	广西阳朔特色民居农家乐
	休闲娱乐农家乐	四川成都郫都区农科村农家乐
	食宿接待农家乐	四川成都乡林酒店
	农事参与农家乐	
村落乡镇旅游模式	古民居和古宅院游	山西乔家大院、福建闽南土楼
	民族村寨游	云南瑞丽傣族自然村
	古镇建筑游	山西平遥、安徽徽州镇
	新村风貌游	江苏华西村、河南南街村
休闲度假旅游模式	休闲度假村	广东梅州雁南飞茶田度假村
	休闲农庄	湖北武汉谦森岛庄园
	乡村酒店	四川郫都区友爱镇农科村乡村酒店
科普教育旅游模式	农业科技教育基地	陕西杨凌全国农业科技农业观光园
	观光休闲教育农业园	广东高明蔼雯教育农庄
	少儿教育农业基地	山东济南乐彩儿童农场
	农业博览园	山东寿光生态农业博览园
回归自然旅游模式	森林公园	河南新乡黄河故道森林公园
	湿地公园	河南三门峡天鹅湖国家城市湿地公园
	水上乐园	深圳海上田园
	露宿营地	
	自然保护区	

资料来源：https://wenku.baidu.com/view/78d9c0bba8956bec0875e31f.html.

二、休闲农业与乡村旅游的设计与实施

休闲农业与乡村旅游类型多样，内容丰富，不同的形态有不同的要求。这里以人们最为熟知的"农家乐"为代表，简要进行说明。

（一）农家乐的设计

农家乐是广受欢迎的一种乡村旅游形式，是传统农业与旅游产业相结合形成的新兴旅游休闲形式。在农家乐休闲农业与乡村旅游结合中，城市居民渴望返璞归真，在乡村田园中回归自然、愉悦身心。

农家乐的设计规划要突出"农""家""乐"。"农"是农家乐的根基，是在都市生活中体会不到的农村风情。"家"是农家乐的形态，一是强调以家庭经营为主，不以大而全为标准，二是要有家庭的氛围，让旅游者有回老家的感觉。"乐"是农家乐的灵魂，是让旅游者感受到快乐、愉悦。

具体来讲，农家乐的设计需要关注以下五点。

1. 明确旅游资源优势

一般来说，农家乐要发挥农村资源的优势，形成特色，把周围的风景同高品质的农产品、农家饭结合起来，形成浓郁的农家风情，吸引城市居民到农家乐休闲、观光、体验农趣。因此，农家乐首要注意的就是开发和利用本地的资源优势。

2. 注意地址选择

农家乐地处乡村，一般情况下交通条件还是比较好的。但一些较为偏远但旅游资源丰富的地方，可能会因为交通问题难以招揽游客。现在人们已经习惯出门开车，或者说无车不出行。道路要通畅，停车要方便，几乎成为农家乐的标配。因此，农家乐需要注意选在场院面积较大、交通便利的地方。

3. 注重突出乡村风情

南宋诗人戴复古说"我爱真率田家郎，磁瓯瓦盆罂木觞。"农家乐讲究的就是淳朴、质朴。在进行农家乐设计时，切忌追求向城

市趋同。城市人群早已经见惯了高楼大厦、亭台楼阁，他们希望看到的是有着浓郁"乡土味儿"的大灶台、粗海碗、粗布衣、小板凳儿、矮饭桌……农家乐在设计的时候最忌讳的就是像城市宾馆饭店那样，保持最质朴、最原始的乡村特色会更有吸引力。

4. 注重挖掘乡村特色文化

农家乐休闲农业及乡村旅游，讲究的是一个"俗"。这个"俗"是质朴、淳朴、本真，绝对不能流于低俗。特色饮食、特色建筑、特色文化、特色产品，都是农家乐经营中可以开发利用的资源。因此，农家乐经营者应当开阔思维，力争在为城市人群提供饮食服务的同时，让其感受到乡村世界的魅力。

5. 注重多方位经营

农家乐以饮食为主，但又不能是单纯的吃吃喝喝，否则这个"乐"就太单调、乏味了。农家乐应该是一个综合休闲旅游项目。农家乐可以和体验农业结合，让旅游者去体验农事操作，自采自摘，自己享用自己的劳动果实，这样会更有吸引力。农家乐可以和采摘观光相结合，在果园、在菜园、在庄稼地采摘瓜果蔬菜后，在农家田园休息回味，更具意义。农家乐可以和特色手工制作相结合，让旅游者在体验手工匠人高超技艺的同时，体会劳动的艰辛、劳动的快乐等。

（二）经营农家乐需注意的问题

1. 保证食品卫生

农家乐最突出的问题就是食品安全卫生问题。由于地处较远的农村地区，卫生条件无法保证，检验检疫措施也几乎空白，食品安全卫生问题就只能依靠农家乐经营者自己重视了，否则食品卫生安全问题堪忧。休闲农业，本来乘兴而来，想着"吃农家饭、品农家茶"，如果因为安全卫生问题影响了旅游体验，则必然会败兴而归。因此，农家乐经营者一定要尽最大努力做好安全卫生工作，无论是食品安全卫生，还是场地安全卫生，包括设施安全卫生，等等，都要高度重视，杜绝任何因安全卫生问题引发的不良体验。

2. 保证安全有序

对于远道而来的旅游者而言，来到乡村，来到农家乐，感觉一切都是新奇的，什么都想尝试，什么都想体验。这种情况下，安全就是最重要的。比如爬到树上采摘水果，要确保安全，不跌落、不挂伤等；比如使用农器具，要确保不会被割伤等；比如观光体验，要注意田间地头的沟沟坎坎，确保不摔伤、不跌倒，等等。这些问题看起来都是小事，一旦发生就极易引起不愉快，如果解决不好甚至会引起冲突。这些都是在农家乐经营中需要关注的地方。

3. 注意服务质量

农家乐从业人员没有经过专业服务培训，服务质量无法保证。没有良好的服务，就难以在旅游者心目中形成良好的旅游体验。在自媒体发达、网络日益渗透到生活中的情况下，一个吐槽、批评的帖子、朋友圈，可能会极大地影响一个农家乐的经营情况。根据统计，农家乐超过80％的利润来自"回头客"。旅游者的一个点赞远比广告的效果要好许多，旅游者间口耳相传的信息更非经营者的宣传所可比拟。因此，农家乐经营者一定要注重提升服务水平，让旅游者有宾至如归的感觉，要通过自己的努力，让旅游者来一次，还有第二次、第三次……让旅游者一个人来、一群人来……

总之，经营农家乐虽然是做生意，虽是为了盈利，但也要把生意做得风生水起，做出口碑，给都市生活中的人优质的体验和感受。如果旅游者能够"醉来兴发恣豪狂，高歌起舞当斜阳"，那农家乐的品牌也就树立起来了。

第三节　家庭农场的设计与实施

家庭农场是一种新型的农业经营方式，是指以家庭成员为主要劳动力，从事农业规模化、集约化、商品化生产经营，并以农业收入为家庭主要收入来源的新型农业经营主体。家庭农场并不是一个新兴经营形式，早在2013年中央1号文件就已经提出家庭农场的概念：创造良好的政策和法律环境，采取奖励补助等多种办法，扶持创办家庭农场。① 此后，家庭农场作为新型农业经营主体，进入较为快速发展的时期。

如前所述，我国的家庭农场不同于欧美地区的家庭农场。欧美地区的家庭农场以大中型为主，而我国的家庭农场则以小型为主，以家庭经营为主，呈现出与欧美国家家庭农场不同的特点。因此，在组织设计家庭农场及经营过程中，不得违反我国法律、政策的规定。

我国家庭农场发展还处于初级阶段，无论是社会认识度，还是法律、政策配套支持程度，都还未成熟，只能在探索实践中总结经验。但我国农村青壮年劳动力向城市转移的现实问题也表明，家庭农场发展是农村产业结构调整的新途径，具有广阔的发展前景。

一、家庭农场的规划设计

（一）明确家庭农场经营范围

不同地区的传统农业经营方式是不同的，发展家庭农场同样如此。家庭农场是新型农业经营方式，是农业经营主体，应当有清晰的经营范围。广东地区经济发展速度快，当地的家庭农场经营已经从初期的规模化、商品化传统农业生产经营，转变到科技农业、有机农业，科技化水平较高。而内地的家庭农场还处于初级探索实践阶段。

家庭农场并没有固定的经营范围，只要在政策范围内、法律保障下，均可以经营。比如福建地区的家庭农场多以山珍野味养殖、餐饮、特色水果蔬菜种植为主，并在此基础上再开发一些有趣味、有吸引力的内容。比如河南地区的家庭农场，多以种植为主，包括粮食作物种植、经济作物种植、蔬菜种植、中药材种植、果树种植等，此外还有部分畜禽养殖。

---

① 资料来源：2013 年中央 1 号文件《关于加快发展现代农业 进一步增强农村发展活力的若干意见》。

因此，家庭农场的经营范围，还是应当考虑到资源优势、市场需求等因素，确定当地最适合的、最具市场前景的经营内容，要想好自己的主打经营项目，不能大而全，要少而精，形成特色、优势，增强市场竞争力。

（二）明确家庭农场经营规模

家庭农场规模的选择应该按照选定的种植或者养殖项目的规模来定。我国的家庭农场以家庭劳动为主，多为小型农场。对于家庭农场经营者来讲，种植、养殖经营规模的确定是家庭农场经营成败的重要环节，因为家庭农场以家庭劳动为主，因此家庭劳动力是决定性因素。当然，在经营过程中，可以雇佣劳动力，但还是以家庭劳动力为主。

经营规模决定着土地流转的规模。土地流转应当严格按照国家关于土地流转的要求程序进行。

（三）依法申领家庭农场经营许可

以家庭劳动为主的家庭农场，一般应当申领个体工商户营业执照。申领个体工商户营业执照要按照工商管理法律法规的规定，向工商部门提供身份证明、土地流转合同等资料，按照要求提交材料，申领营业执照。经营许可决定了家庭农场的经营范围，经营者务必要按照要求合法经营。一般情况下，家庭农场经营范围以谷物、蔬菜、水果、园艺作物或其他农作物种植以及水产养殖为主，可以种养结合或兼营相应的农场休闲观光服务。总之，合法经营是最基本的要求。

（四）确定家庭农场经营方式

家庭农场以家庭劳动为主，经营方式比较灵活多样，既可以家庭自己经营，雇佣经营，也可以分包托管经营等。比如以蔬菜种植为主的家庭农场，可以把流转来的土地分割成小地块儿，面积可大可小，向社会开放租赁，由个别注重生活品质的城乡居民承租，自己种植，或者托管给农场主种植。比如以果树种植为主的家庭农场，可以开展果树认种，所产水果由认种者收获。这些灵活多样的经营方式，牵涉到民法、合同法等法律，因此需要各方有一定的法律意识，需要订立合同，就费用、耕作等内容进行明确，以维护各方权益。

二、家庭农场经营应当注意的几个问题

家庭农场经营牵涉诸多法律问题，需要严格按照法律、法规要求组织实施和经营。

（一）关于土地流转

家庭农场经营需要流转土地，形成一定的规模，这样才有发展的场地。流转土地，要按照《土地管理法》《农村土地承包法》《合同法》等法律、法规的规定，制作规范的合同，列明权利、义务、责任。法治社会，一切都要依法进行，只有"把丑话说在前头"，将来万一产生纠纷才能够更好地维护自身的权益。

（二）关于人员雇佣

家庭农场经营中不可避免要有人员雇佣，一般情况下还都是雇佣自己的亲朋、邻居。这就更需要签订劳动合同了。"亲兄弟、明算账"，不能因为乡里乡亲的就忽略了经济利益。在合同中，要开列清楚劳动时间、劳动内容、劳动报酬、劳动责任，并严格按照合同要求落实，以确保经营活动顺利进行下去。

（三）关于经营过程

家庭农场经营中，依法经营是最基本的要求。农场主必须按照国家法律、法规的规定，严格执行，不得有任何违法违规经营的行为。实践中，有些以餐饮为主经营的农场因为有房屋，成为赌博的窝点。也有些农场提供的食品不符合食品卫生法规要求等。这些都是违法、违规行为，必须予以杜绝。

第七章

乡村振兴战略实施的保障

乡村振兴是一个长期的过程，是一个关涉各方责任、利益的战略工程，需要政府领导，需要乡村居民积极参与，需要国家政策保障，需要法律、法规为战略保驾护航，需要不断加强科技研发应用等。乡村振兴战略是一个系统工程，需要各方协力，才能确保战略规划确定的近期、中期、远期目标按时实现。

乡村振兴战略，关系着乡村居民的切身利益，关系到国家小康社会建设水平，需要政府加强组织和领导，确保集中各方力量、调动各方积极因素，共同推进战略任务的完成。乡村振兴战略，归根到底是为了农村的发展，为了乡村居民的生活幸福，需要乡村居民正确对待战略实施中的调整，需要支持各项政策的实施，需要乡村居民在乡村振兴战略实施中充分发挥主体作用。乡村振兴战略，离不开安定有序的社会环境，离不开法律、法规的有力支撑，离不开政策、制度的保障。乡村振兴战略，应当是高品质、高质量、高效率的振兴和发展，离不开科技工作者的努力，离不开科学技术的广泛应用；科学技术的研发、应用将会极大推动乡村振兴战略目标更好、更快地实现！

第一节　党组织和政府的领导和组织

《乡村振兴战略规划（2018—2022年）》提出，要强化地方各级党委和政府在实施乡村振兴战略中的主体责任。乡村振兴战略的实施，需要调动全社会的力量，统一协调，积极建设，这不是某个机关、某个组织能够完成的，只有各级党组织和各级政府动员、发动全社会的积极力量，才能步调一致，共同致力于乡村的振兴和发展。

一、坚持党管农村工作原则不动摇

"三农"问题是党领导国家建设和发展的中心问题之一，党管农村工作原则也是党在建设实践中形成的传统。党的十九大报告提出："党政军民学，东西南北中，党是领导一切的。"因此，坚持党管农村工作原则，必然是实施乡村振兴战略的一个重大原则。

农村地区面积广大，农村人口数量众多，农村事务头绪繁多。农村的基础性地位决定了农村工作在党和国家各项工作中的基础性地位。基础不牢，地动山摇。农村工作的基础性地位又决定着其在党和国家各项工作中的战略性地位。中华人民共和国成立以来，党中央始终把"三农"工作作为执政兴国的重要工作。新时期的乡村振兴工作，关系农业振兴、农村发展、农民致富，更是新时期党领导国家建设和发展的中心工作。

乡村振兴战略实践要始终坚持党对乡村振兴工作的坚强领导，这是实现乡村振兴战略目标、实现乡村振兴和发展、促进农民致富和小康生活目标实现的政治保障。中央农村工作会议强调："办好农村的事情，实现乡村振兴，关键在党，必须加强和改善党对'三农'工作的领导，切实提高党把方向、谋大局、定政策、促改革的能力和定力，确保党始终总揽全局、协调各方，提高新时代党领导农村工作的能力和水平。"坚持党管农村工作原则不动摇，就要在党中央政策指引下，在党中央擘画的建设发展大局中，坚决执行各项战略举措，确保乡村战略扎实推进，战略目标早日实现。

二、坚持各级政府对乡村振兴工作的领导

党的各项政策需要各级政府组织实施。"三农"工作是政府领导国家经济社会发展的重要工作，需要领导各级政府及职能部门、协调各方社会力量，协力推进乡村振兴战略的实施。

习近平总书记强调指出："任何时候都不能忽视农业、忘记农

民、淡漠农村"。各级政府要是始终把"三农"工作当作关系国计民生的重要工作，做好规划，协调力量，带领乡村地区发展。对各级政府来讲，要在党的领导下，立足本地实际，规划好地区的乡村振兴工作。政府领导，要把乡村振兴战略规划的具体内容进行分解，对各职能部门进行分工，对口支援乡村建设和发展。政府领导，要调动社会各方积极力量，制定优惠政策，为乡村振兴投入人力、财力，实现乡村社会发展。政府领导，要发动组织好广大乡村居民投身于乡村建设和发展，展现乡村建设主体作用。

政府拥有充足的资源，应当在乡村振兴战略实践中，优先满足"三农"发展的资源供给。各级政府要在党的政策指引下，积极、主动破除城市和乡村间存在的制度障碍，为城乡交流和融合提供制度保障。各级政府要协调、保障乡村振兴战略实践的资金投入，为农业农村发展提供充足的资金保障。各级政府通过制定优惠政策，为乡村振兴提供公共财政支持。各级政府要立足本地区发展实际和需求，协调各方力量和各种资源，加强农村交通、文体、商业、农技等基础设施建设，为乡村居民提供优质公共服务。

三、加强党员队伍建设

一个党员就是一面旗帜。农村党员队伍是乡村社会的先进分子，是乡村经济社会发展和建设的中坚力量，理应在乡村振兴战略实践中充分发挥模范带头作用；不仅要带头执行党和政府的方针政策，还应当联系群众、发动群众，和乡村居民一起建设乡村、发展乡村。

农村基层党组织是乡村社会建设的战斗堡垒，是农村地区建设和发展的最直接的领导力量。农村基层党组织要在乡村振兴战略实践中充分发挥战斗堡垒作用；要教育和带领党员发挥先锋模范作用，始终成为乡村振兴战略实践的组织保证。

"喊破嗓子，不如干出样子"，党员的先锋模范作用就是靠实实在在的行动、实实在在的业绩来展现的。农村党员队伍应当是乡村振兴战略实践的排头兵，要在各项工作中都模范带头。党员的先锋模范作用体现在抵制歪风邪气、建设乡村精神文明、实践社会主义核心价值观上。党员要做乡风文明的倡导者、践行者，要带头抵制封建迷信活动，抵制黄赌毒，抵制高价彩礼，要带头舍小家顾大家，积极投身于乡村环境治理，消除脏乱差。

四、加强农村居民主体作用的发挥

农民是农业振兴的主体，是农村生活的主人，是乡村振兴战略实践的主力军。习近平总书记指出，农村经济社会发展，说到底，关键在人；要通过富裕农民、提高农民、扶持农民，让农业经营有效益，让农业成为有奔头的产业，让农民成为体面的职业。

乡村振兴战略实践，乡村社会发展，乡村经济建设，始终离不开农村居民主体作用的发挥。因此，乡村振兴战略实践，要始终坚持农民主体地位不动摇，要始终注重农民主体作用的发挥。农村居民是乡村振兴战略实践的主人，是乡村美好生活的建设者。乡村振兴战略要靠真正懂农业、爱农村的人去落实。

习近平总书记要求，就地培养更多爱农业、懂技术、善经营的新型职业农民。农民主体作用的发挥，要转变观念，改变思路，要适应新时代乡村社会发展的要求。乡村振兴战略提出，要全面建立职业农民制度，培养新一代爱农业、懂技术、善经营的高素质农民，要让高素质农民成为农业经营的主要力量。通过实施高素质农民培育工程，通过农民专业合作社、专业技术协会、龙头企业等主体的支持，实现农民从事农业生产经营的能力不断提升。

发挥农村居民的主体作用，要充分尊重农民意愿，引导农民自力更生、艰苦奋斗，充分激发和调动农民群众的积极性和主动性，让农民在自己的辛勤劳动中致富。

第二节　法治化的秩序与环境

《乡村振兴战略规划（2018—2022年）》提出，乡村振兴战略规划的实施离不开法治保障。强有力的法治保障是乡村规划战略目标顺利推进并最终实现的根本保证。《规划》要求各级党委和政府在推进乡村振兴工作中，要善于运用法治思维和法治方式；在规划编制、实施的各个环节都必须规范、严格，确保依法实施规划。

一、不断完善乡村振兴法律体系

2018 年 6 月 26 日至 27 日，十三届全国人大农业与农村委员会召开关于乡村振兴法的立法研讨会，启动乡村振兴法的立法程序。乡村振兴法的制定，将会把目前关于乡村振兴的一些政策规定法律化、制度化，也将会发挥立法对乡村振兴的保障和推动作用。

《乡村振兴法》反映了我国目前推进实施乡村振兴战略的迫切要求，也是农业、农村长久发展的必然要求。《乡村振兴法》能够推进国家治理现代化的有力举措、能够为保障乡村振兴目标如期实现、能够成为乡村振兴战略实施的重要支柱、能够为乡村振兴法律体系构建奠定坚实基础。[①] 以《乡村振兴法》为核心的乡村振兴法律体系，将会为乡村振兴战略实践提供法律引领和支撑。

《乡村振兴法》有望于 2020 年出台并实施。以除此外，还应整合目前涉农法律、法规、规章，制定涉农单行法规。乡村振兴法律体系为打破城乡壁垒提供了法治基础，能够有效促进乡村各要素的自由流动，为深化农业、农村改革扫除障碍。

二、严格执行涉农法律、法规

乡村振兴战略实施过程中，在项目安排、资金使用、土地流转、基础设施建设、资源开发、乡村秩序和环境治理等方面，有许多事项关系权力行使，关系乡村居民的切身利益，关系国家的政策执行和规定落实，必须依法予以监督、约束。只有把涉农权力纳入法治轨道、关进制度的笼子，才能保证党和国家的好政策带来好效果。

---

① 代水平，高宇.《乡村振兴法》立法：功能定位、模式选择与实现路径[J]. 西北大学学报，2019（2）.

在要依法规范权力行使。对于国家的项目安排和资金支持，各级政府要依法提供人力、物力、财力支持，严禁任何单位、任何人对项目实施设置障碍；若是有人在项目实施中有渎职、以权谋私、滥用权力等行为，要严格予以问责，追究法律责任。

要依法调动社会积极力量参与乡村振兴。乡村振兴不仅关系农业、农村、农民，同时也关系全社会的发展，社会积极力量也应当在乡村振兴战略实践中发挥积极作用。社会积极力量参与乡村建设，要依法依规，在经营中要守法守规，不得有任何违法经营行为。若有任何违法经营行为，严格依法予以处置。

要加强基层执法队伍建设。基层执法队伍担负着法律、法规的落实，担负着法律、法规在乡村社会的传播，担负着乡村居民法治意识、法律信仰的培育。基层执法队伍要监督权力行使，确保涉农权力为民所用，防止侵害乡村居民权益的行为发生。基层执法队伍要监督各企业、社会组织、各个体工商户的经营行为，为各方主体的经营提供支持。基层执法队伍要主动向乡村居民传播法律知识，提供法律支持，积极维护乡村居民权益。

三、严格落实村民自治法律

村民自治制度是乡村经济社会发展的基本制度，是宪法和法律予以明确的基层直接民主形式，是不断推动乡村社会秩序建设的重要制度保障。乡村社会治理离不开乡村自治法律、法规的实施。

要严格遵守《村民委员会组织法》等村民自治法律、法规。宪法、法律赋予乡村居民自我管理、自我教育、自我监督的权利，乡村振兴战略实践中要充分尊重他们的民主权利。要防止任何干涉村民自治权利行使的行为，基层政府对村民自治工作进行指导和监督，不得有干涉的行为。基层党组织要加强对村民自治工作的领导和监督，对村民自治实践中的违法违纪行为予以纠正和问责。

要加强对村民行使自治权利的监督，尤其是对村主任等村委班子成员行为的监督。村委班子成员是乡村治理和乡村社会发展的重要力量，其权力行使与村民的切身利益密切相关。在乡村振兴战略实践中，更有许多权力关系到乡村建设和发展，因此必须加强监督。现在，各级监察委员会已经建立并展开工作，《国家监察法》已经实施，村委班子成员已经纳入监督范围，这为实施乡村振兴战略提供了坚强的法治保障。

第三节　科技的推广与应用

《乡村振兴战略规划（2018—2022 年）》提出要"以科技创新引领和支撑乡村振兴"。科技，尤其是农业科技对农业发展的支撑和促进作用十分重要。在乡村振兴战略实践中，要特别重视科技的推广与应用。国家正在推动实施创新驱动发展战略，其目的就是要强化科技对经济发展的促进和推动作用。乡村振兴离不开农业科技的进步和发展，离不开农业科技自主创新和进步，离不开农业科技的转化和应用。

一、要不断提升农业科技创新水平

农业科技水平不断提升是乡村振兴战略实践的要求，也是农业现代化发展目标的要求，农业科技水平的发展和应用对农业结构优化、调整和升级、农村经济发展有着不可估量的积极作用。不断提升农业科技创新水平，是促进乡村振兴战略目标实现的根本途径。现在，全国各地都已经充分认识到科技创新对乡村振兴的支撑作用，如河南省出台了《科技支撑乡村振兴三年行动计划》，通过国家和省农业科技创新平台建设，用科技创新支撑乡村振兴战略实践；北京也出台了《强化创新驱动，科技支撑北京乡村振兴行动方案（2018—2022 年）》，不断提升农业科技创新和转化，为乡村振兴提供科技保障。

农业科技创新发展和应用是乡村振兴的重要工具，是乡村振兴新的增长点，是乡村振兴的加速器。① 乡村振兴，离不开科技创新

---

① 刘东杰. 苏北地区科技支撑乡村振兴战略研究[J]. 长安学刊，2018（11）.

水平的不断提升。

要加快建立健全农业科技创新体系。农业科技创新是我国农业发展转型的新引擎。农业科技创新离不开各类创新主体。2018年1月，国务院办公厅印发《关于推进农业高新技术产业示范区建设发展的指导意见》，对培育符合现代农业发展要求的创新主体提出具体的指导意见。在各类创新主体加强研发的基础上，要建立科研院所等各类创新主体协调互动机制，加强信息共享、资源共享，协力推进农业科技进步。

要加强农业基础技术研究。农业科技创新是在现有农业生产技术基础上的创新，是立足农业生产实际的创新。农业科技创新和成果转化应用不能急躁冒进，要在现有农业生产基础上循序渐进，在不断积累的基础上，推动具有前瞻性、原创性的农业科技成果的研发和应用。

要加强农业科技创新的体系化建设。农业科技创新不应是仅为了解决种地的问题，而是应当适用于整个农业生产的各个环节。农业生产是一个完整的过程和体系，是从种子到化肥、从气温到土壤、从耕作到管理等。农业科技创新需要从种子新品种的创新、农机装备创新、农业污染防治创新、农产品生产加工创新、农业耕作创新等诸多方面，不断加大投入，实现科技创新对乡村振兴的服务与支撑。

二、要不断加强农业科技创新平台基地建设

农业科技创新和应用离不开成功经验的示范和带动，因此要加强农业科技创新平台基地的建设。根据不完全统计，截至2017年，我国农业高新技术企业仅有8500多家，且研发能力明显不足。目前农业科技研发和创新主要集中在农业科研院所。所以说我国目前的农业科技创新平台基地建设工作还有许多工作要做。

要高标准建设国家农业高新技术产业示范区、国家农业科技园区、省级农业科技园区，通过健全的机制、完善的配套设施、优良的服务来吸引农业高新技术企业进驻科技园区，不断培育国际领先

的农业高新技术企业，加快形成具有国际竞争力的农业高新技术产业。农业科技园区是农业科技创新和科技成果转移转化的实践，可以通过高水平、高质量的农业科技研发和创新，通过农业创新技术保障和推广示范，带动农民相信新技术，应用新技术，为农业科技创新的广泛应用提供示范。

要加强农业科技资源开放共享与服务平台建设，建立农业科技创新共享平台，促进信息、资源互通和交流，取长补短，加快农业科技创新向更高层次、更高品质转变，充分为乡村振兴提供有力的科技保障。

三、要不断加快农业科技成果的转化应用

农业科技成果的转化和应用是农业科技创新价值实现的基本途径，是农业科技创新成果从实验室进入田间地头、厂矿车间的必经步骤。只有应用于生产实践，农业科技创新的意义和价值才能真正体现出来。

要充分实现高校、科研院所作为农业科技成果转化和应用的主力军作用。高校、科研院所具备人力、物力、财力优势，信息通畅，资源丰富，因而最易出产科技创新成果。事实也正是如此，目前市场上的种子新品种、农业新科技、产品新方法几乎都由高校、科研院所主导或参与。要通过研发合作、技术转让、技术许可、作价投资等多种形式，推动实现农业科技创新成果的价值。

要建立健全省、市、县三级农业科技创新成果转化体系。要加大对各地方的支持力度，通过政策指导、物资保障等，大力发展地方技术交易市场，为农业科技创新成果的转化应用提供优质的平台。

要建立健全乡村农业技术推广体系，培养农业科技特派员。农业科技特派员是农业科技创新成果转化应用的排头兵，要通过定点、定向的讲解、示范，通过面对面的传授，推动农业创新科技在农业生产中的传播和应用。

图书在版编目（CIP）数据

乡村振兴战略规划与实施／康芳，杨文义，王静然著．—北京：中国农业出版社，2021.5（2022.6 重印）
ISBN 978-7-109-28083-0

Ⅰ．①乡…　Ⅱ．①康…②杨…③王…　Ⅲ．①农村—社会主义建设—研究—中国　Ⅳ．①F320.3

中国版本图书馆 CIP 数据核字（2021）第 058385 号

乡村振兴战略规划与实施
XIANGCUN ZHENXING ZHANLÜE GUIHUA YU SHISHI

中国农业出版社出版
地址：北京市朝阳区麦子店街 18 号楼
邮编：100125
责任编辑：姚　佳　　文字编辑：边　疆
版式设计：王　晨　　责任校对：刘丽香
印刷：中农印务有限公司
版次：2021 年 5 月第 1 版
印次：2022 年 6 月北京第 2 次印刷
发行：新华书店北京发行所
开本：880mm×1230mm　1/32
印张：6.25
字数：200 千字
定价：45.00 元